U0467332

帝王影踪

考拉看看——编著
景行 杜新怡——执笔

杭州出版社

图书在版编目（CIP）数据

帝王影踪 / 考拉看看编著；景行，杜新怡执笔. -- 杭州：杭州出版社，2022.8

（杭州优秀传统文化丛书）

ISBN 978-7-5565-1682-7

Ⅰ.①帝… Ⅱ.①考… ②景… ③杜… Ⅲ.①杭州－地方史②帝王－列传－中国－古代 Ⅳ.① K295.51 ② K827=2

中国版本图书馆 CIP 数据核字（2022）第 003177 号

Diwang Yingzong

帝王影踪

考拉看看　编著　景　行　杜新怡　执笔

责任编辑　陈铭杰
文字编辑　王妍丹
装帧设计　李轶军　祁睿一
美术编辑　祁睿一
责任校对　萧　燕
责任印务　屈　皓
出版发行　杭州出版社（杭州市西湖文化广场32号6楼）
　　　　　电话：0571-87997719　邮编：310014
　　　　　网址：www.hzcbs.com
排　　版　浙江时代出版服务有限公司
印　　刷　天津画中画印刷有限公司
经　　销　新华书店
开　　本　710 mm × 1000 mm　1/16
印　　张　13.75
字　　数　172千
版 印 次　2023年1月第1版　2023年1月第1次印刷
书　　号　ISBN 978-7-5565-1682-7
定　　价　58.00元

序　言

文化是城市最高和最终的价值

我们所居住的城市，不仅是人类文明的成果，也是人们日常生活的家园。各个时期的文化遗产像一部部史书，记录着城市的沧桑岁月。唯有保留下这些具有特殊意义的文化遗产，才能使我们今后的文化创造具有不间断的基础支撑，也才能使我们今天和未来的生活更美好。

对于中华文明的认知，我们还处在一个不断提升认识的过程中。

过去，人们把中华文化理解成“黄河文化”“黄土地文化”。随着考古新发现和学界对中华文明起源研究的深入，人们发现，除了黄河文化之外，长江文化也是中华文化的重要源头。杭州是中国七大古都之一，也是七大古都中最南方的历史文化名城。杭州历时四年，出版一套“杭州优秀传统文化丛书”，挖掘和传播位于长江流域、中国最南方的古都文化经典，这是弘扬中华优秀传统文化的善举。通过图书这一载体，人们能够静静地品味古代流传下来的丰富文化，完善自己对山水、遗迹、书画、辞章、工艺、风俗、名人等文化类型的认知。读过相关的书后，再走进博物馆或观赏文化景观，看到的历史遗存，将是另一番面貌。

过去一直有人在质疑，中国只有三千年文明，何谈五千年文明史？事实上，我们的考古学家和历史学者一直在努力，不断发掘的有如满天星斗般的考古成果，实证了五千年文明。从东北的辽河流域到黄河、长江流域，特别是杭州良渚古城遗址以距今5300—4300年的历史，以夯土高台、合围城墙以及规模宏大的水利工程等史前遗迹的发现，系统实证了古国的概念和文明的诞生，使世人确信：这里是古代国家的起源，是重要的文明发祥地。我以前从来不发微博，发的第一篇微博，就是关于良渚古城遗址的内容，喜获很高的关注度。

我一直关注各地对文化遗产的保护情况。第一次去良渚遗址时，当时正在开展考古遗址保护规划的制订，遇到的最大难题是遗址区域内有很多乡镇企业和临时建筑，环境保护问题十分突出。后来再去良渚遗址，让我感到一次次震撼：那些“压”在遗址上面的单位和建筑物相继被迁移和清理，良渚遗址成为一座国家级考古遗址公园，成为让参观者流连忘返的地方，把深埋在地下的考古遗址用生动形象的“语言”展示出来，成为让普通观众能够看懂、让青少年学生也能喜欢上的中华文明圣地。当年杭州提出西湖申报世界文化遗产时，我认为这是一项需要付出极大努力才能完成的任务。西湖位于蓬勃发展的大城市核心区域，西湖的特色是“三面云山一面城”，三面云山内不能出现任何侵害西湖文化景观的新建筑，做得到吗？十年申遗路，杭州市付出了极大的努力，今天无论是漫步苏堤、白堤，还是荡舟西湖里，都看不到任何一座不和谐的建筑，杭州做到了，西湖成功了。伴随着西湖申报世界文化遗产，杭州城市发展也坚定不移地从“西湖时代”迈向了“钱塘江时代”，气势磅礴地建起了杭州新城。

从文化景观到历史街区，从文物古迹到地方民居，众多文化遗产都是形成一座城市记忆的历史物证，也是一座城市文化价值的体现。杭州为了把地方传统文化这个大概念，变成一个社会民众易于掌握的清晰认识，将这套丛书概括为城史文化、山水文化、遗迹文化、辞章文化、艺术文化、工艺文化、风俗文化、起居文化、名人文化和思想文化十个系列。尽管这种概括还有可以探讨的地方，但也可以看作是一种务实之举，使市民百姓对地域文化的理解，有一个清晰完整、好读好记的载体。

传统文化和文化传统不是一个概念。传统文化背后蕴含的那些精神价值，才是文化传统。文化传统需要经过学者的研究提炼，将具有传承意义的传统文化提炼成文化传统。杭州与丛书作者在创作方面作了种种古为今用、古今观照的探讨交流，还专门增加了“思想文化系列”，从杭州古代的商业理念、中医思想、教育观念、科技精神等方面，集中挖掘提炼产生于杭州古城历史中灵魂性的文化精粹。这样的安排，是对传统文化内容把握和传播方式的理性思考。

继承传统文化，有一个继承什么和怎样继承的问题。传统文化是百年乃至千年以前的历史遗存，这些遗存的价值，有的已经被现代社会抛弃，也有的需要在新的历史条件下适当转化，唯有把传统文化中这些永恒的基本价值继承下来，才能构成当代社会的文化基石和精神营养。这套丛书定位在“优秀传统文化”上，显然是注意到了这个问题的重要性。在尊重作者写作风格、梳理和讲好“杭州故事”的同时，通过系列专家组、文艺评论组、综合评审组和编辑部、编委会多层面研读，和作者虚心交流，努力去粗取精，古为今用，这种对文化建设工作的敬畏和温情，值得推崇。

人民群众才是传统文化的真正主人。百年以来，中华传统文化受到过几次大的冲击。弘扬优秀传统文化，需要文化人士投身其中，但唯有让大众乐于接受传统文化，文化人士的所有努力才有最终价值。有人说我爱讲“段子”，其实我是在讲故事，希望用生动的语言争取听众。今天我们更重要的使命，是把历史文化前世今生的故事讲给大家听，告诉人们古代文化与现实生活的关系。这套丛书为了达到“轻阅读、易传播”的效果，一改以文史专家为主作为写作团队的习惯做法，邀请省内外作家担任主创团队，组织文史专家、文艺评论家协助把关建言，用历史故事带出传统文化，以细腻的对话和情节蕴含文化传统，辅以音视频等其他传播方式，不失为让传统文化走进千家万户的有益尝试。

中华文化是建立于不同区域文化特质基础之上的。作为中国的文化古都，杭州文化传统中有很多中华文化的典型特征，例如，中国人的自然观主张“天人合一”，相信“人与天地万物为一体”。在古代杭州老百姓的认知里，由于生活在自然天成的山水美景中，由于风调雨顺带来了富庶江南，勤于劳作又使杭州人得以“有闲”，人们较早对自然生态有了独特的敬畏和珍爱的态度。他们爱惜自然之力，善于农作物轮作，注意让生产资料休养生息；珍惜生态之力，精于探索自然天成的生活方式，在烹饪、茶饮、中医、养生等方面做到了天人相通；怜惜劳作之力，长于边劳动，边休闲娱乐和进行民俗、艺术创作，做到生产和生活的和谐统一。如果说“天人合一”是古代思想家们的哲学信仰，那么“亲近山水，讲求品赏”，应该是古代杭州人的生动实践，并成为影响后世的生活理念。

再如，中华文化的另一个特点是不远征、不排外，这体现了它的包容性。儒学对佛学的包容态度也说明了这一点，对来自远方的思想能够宽容接纳。在我们国家的东西南北甚至是偏远地区，老百姓的好客和包容也司空见惯，对异风异俗有一种欣赏的态度。杭州自古以来气候温润、山水秀美的自然条件，以及交通便利、商贾云集的经济优势，使其成为一个人口流动频繁的城市。历史上经历的“永嘉之乱，衣冠南渡”，“安史之乱，流民南移”，特别是“靖康之变，宋廷南迁”，这三次北方人口大迁移，使杭州人对外来文化的包容度较高。自古以来，吴越文化、南宋文化和北方移民文化的浸润，特别是唐宋以后各地商人、各大商帮在杭州的聚集和活动，给杭州商业文化的发展提供了丰富营养，使杭州人既留恋杭州的好山好水，又能用一种相对超脱的眼光，关注和包容家乡之外的社会万象。这种古都文化，也代表了中华文化的包容性特征。

城市文化保护与城市对外开放并不矛盾，反而相辅相成。古今中外的城市，凡是能够吸引人们关注的，都得益于与其他文化的碰撞和交流。现代城市要在对外交往的发展中，进行长期和持久的文化再造，并在再造中创造新的文化。杭州这套丛书，在尽数杭州各色传统文化经典时，有心安排了“古代杭州与国内城市的交往”“古代杭州和国外城市的交往”两个选题，一个自古开放的城市形象，就在其中。

“杭州优秀传统文化丛书”团队在传统和现代的结合上，想了很多办法，做了很多努力。传统文化丛书要得到广大读者接受，不是件简单的事。我们已经走在现代化的路上，传统和现代的融合，不容易做好，需要扎扎实实地做，也需要非凡的创造力。因为，文化是城市功能的最高价值，也是城市功能的最终价值。从“功能城市”走向“文化城市”，就是这种质的飞跃的核心理念与终极目标。

单霁翔

2020年9月

（单霁翔，中国文物学会会长）

西湖图（局部）

目　录

第一章

余杭之名始于大禹

到越州只为《金简玉书》

“祭司奶奶，我们为什么住在山上，而不住在平地上呢？”一个孩子的声音在山洞中回响。

幽暗的洞穴里，几处火塘正在燃烧，发出明亮而温暖的光，这光照亮了周围的人们。此刻，洞里的男人们在打磨兵器，女人们则在编织衣物，而一群孩童正围坐在火塘边，听部落里的祭司传授在这片土地上生存下去的知识。

“有一天，鸟兽都往山上走了，这个迹象告诉所有部落的祭司，大地上将有不好的事情发生。到了第二天，河流开始变得浑浊。祭司告诉部落王，洪水将至，所有的凹地都将成为大湖，所有的平地都将成为大河咆哮的地方，矮小的山地会成为小岛，唯有大山才是我们能够活下去的地方。”

祭司一边炮制药草，一边给孩子们讲述那段口口相传的历史。

“第三天，部落王通知所有部落准备好粮食、种子、火把、衣物和武器。第四天，各个部落的人都往山上走。第五天，忽然下起了大雨，洪水就来了。汹涌咆哮的大水浸没了凹地，吞噬了平地上的房屋和树木，冲走了只迁徙到矮山的人们。而幸存下来的所有人都在为失去的家园和族人而哭泣。后来，我们就开始在大山上生活。当时，如果要下山去找其他部落的人，就需要驾驶大舟。”

“但是现在山下没有大水啊！”一个虎头虎脑的小孩咬着一个果子问祭司。这个小孩从小就机灵，长得又健壮，被他的父亲叫作“阿虎”。阿虎老早就想到山下的世界去看看了，可是一直被他的父母拦着。

“是的，现在山下没有大水。大水在你出生前就已经慢慢退去，但所有人依然不敢到山下去。因为每隔一段时间，大雨的来临又会使洪水从山上汇集到河中，再一次淹没平地。”讲到这里，火光倒映在祭司的眼中，彷佛大河在其中流淌奔涌。

“我们不能求神吗？”阿虎好奇地问道，“部落里的人都信仰神，说神是无所不能的。”

“不能。孩子，你要知道，这是我们人的世界，人的苦难只能靠人的力量来结束，我们生存的大地，只能靠自己的力量去开辟。”

阿虎似懂非懂地点点头，接着问道：“那有谁曾经治理过大水吗？”

“那时尧帝寻找能治水的人，大山上几个部落的首领都推荐了鲧。尧帝听取了众人的意见，派鲧去治理大水。鲧带领部落找来大石和黄土，筑成堤坝，想围住大河，让它只在河道附近流，不要四处蔓延。这次治水花了九年，最开始他成功了，大水确实温驯地只在河道里流。可是后来，每一年的洪水都比前一年多，黄土堤坝坚持不住，最终被冲垮。鲧也被大河冲走，不知道去哪里了。”

阿虎困惑道：“不是说鲧是被舜帝杀了吗？”

祭司声音飘忽地说：“鲧是生于洪水，死于洪水的。”

“那还有谁能治水呢？”阿虎接着说，“我不想一辈子生活在山上，山上地方不够，不能种很多粮食，每年都要挨饿。听说山下有很多土地可以耕种？”

“我也不知道。”说完，祭司再也没有回答任何一个问题，只是凝望着火塘中的火焰。

几年后，祭司去世，当初那个虎头虎脑的孩童阿虎长大了。阿虎来到了鲧的孩子大禹身边，和他一起打猎种植。阿虎想知道大禹会不会和鲧一样会为了族人的生存而治水。

阿虎注意到，大禹每天都会勤勤恳恳地耕作打猎，部落里不管是谁需要帮助，大禹都会伸把手。他不仅乐于助人，处事也公平有理，部落里的人都很尊敬他。

每天耕种打猎之余，大禹都会站在大山最高处往下望，看那大河如何流淌，大山怎么分布。大禹还经常拿着绳墨、圆规、方矩比画来比画去。

一天，大禹又一次站在大山最高处，看着大河滔滔。阿虎实在耐不住心中的好奇，从大禹身后的树林中走出。

阿虎问大禹："大禹，你每日到这里来，是在做什么？"

大禹指着底下奔流的大河，对阿虎说："阿虎，你瞧，那是大河，生养我们的大河！我们饮着大河的水，用大河的水浇灌作物。可大河并不是一直有益，它有时也很暴虐。我们辛苦耕种的粮食会被它吞没，驯养的牛羊会被它冲走。它带走无数族人的性命，还阻隔各部落的联系……我想治水，减少大河对我们的伤害！"

阿虎看着这个面向大河，目光坚毅的男子，知道自己期盼多年的治水之人就在眼前。他试探着问出当年自己问祭司的那个问题：

"那你要怎么做？每天就拿着圆规、方矩在这比画，就能治水吗？你不想求神吗？"

"阿虎，上天给了我们手脚和智慧，又给了我们力量，是为了让我们自己劳作生存的。这圆规、方矩就是我们的智慧，能让我们找到治水的方法。上天并没有让我们跪着乞食！我们要自己想办法治水，而不是求神。"

阿虎看着目光严肃的大禹，握紧拳头捶了他肩膀一拳："好兄弟！听你的！你要治水，我和你一起去！"

很快，大禹期盼的治水机会来了。舜帝在找寻能治水的人，几个高地部落的首领都推荐了大禹。

舜帝在部族中打听大禹，了解到他的为人后，就任命他做司空（掌管水利、营建之事的官职）："大禹，你去平定水土，要好好干啊！"

记载大禹治水的《遂公盨》铭文拓片

出人意料的是，大禹下跪朝舜帝磕头，把这件事推让给契、后稷、皋陶等人。大禹知道只凭他一人是不能完成这个任务的，只有各部族一起才能做好这件事。

舜帝看着眼前这个高大健壮的年轻人，拍拍他的肩膀说：“还是你去担负这任务吧！”随后派契、后稷等人辅助大禹。

大禹就和后稷等人奉舜帝之命，在各部落征集族人，展开治水工作。他们随着山势树立标识，确定高山大川，将这些铸刻在鼎上以便规划治水的方式。

摆在大禹面前最大的难题就是如何治水，为人族争得生存空间。山河面前，人的力量显得无比渺小。大禹的父亲鲧用他的生命证明了：堵是无法将水患治理好的。这种方式只能用于水量较小的地方，一旦水量过大，就会造成远胜从前的伤害。大禹困扰了很久，却始终不得其法。

那一日，大禹在大越宛委山（今绍兴会稽山南山）找到了治水的方法。

大禹听说在宛委山巅有一磐石，磐石上则有一块带花纹的玉盘，玉盘中的金简玉书就是治水之法。为了得到这治水之法，他特意造了一艘大船，渡过大江，来到宛委山脚下。为了上山拿治水之法，他将船找了个地方停靠。后来这个停船的地方就被后人称为“禹航”，又演变为“余杭”，渐渐发展成今天的杭州。

宛委大山高耸入云，人在攀爬之时，一不小心就会掉入悬崖，摔个粉身碎骨。

山风呼啸，卷起了大禹的衣角，猎猎如旗。登山之路荆棘遍布，熊咆虎啸，每一声仿佛都在拒绝人类的踏入。大禹一步一个脚印，累倚山石，渴饮碧泉，饿食野果，终于在一个正午登上了山巅。阳光如瀑汇聚在一处，大禹凑近一看，那正是金简玉书。大禹很激动，立马打开它读了起来。读毕，按照他对书中的理解：要想治水，就应该依山水之势，疏通河道，将河水引到海里。

大禹这才恍然大悟：堵不住洪水，那就疏通河道，让洪水流出去。

回去之后，依着金简玉书的方法，禹改变了他父亲将河水堵住的做法，他开渠排水、疏通河道，企图把洪水引到大海中去。

在大禹治水的这些日子里，阿虎也随着大禹一起，旱路坐车、水路坐船、泥路坐橇，山路则用屐底有齿的檋。阿虎看着大禹在日复一日的劳作中，由一个干净整洁的英武青年变成胡子拉碴的糙汉；他还见证了大禹几乎把所有钱财都用于修渠挖沟……

近日来，阿虎渐渐明白了大禹随身带着的绳墨、圆规、方矩的用法——拿水准和绳墨测定平直，用圆规和方矩划定图式。他们一起开划九州，开辟九州道路，修筑九州湖泽堤障，度量九州山岳脉络。

在这一过程中，大禹让伯益发放稻种，教授族人在地势低矮、潮湿泥泞的地方，尤其是扬州（大禹所划九州中的扬州，相当于今天淮河以南、长江流域及岭南地区，包括现代浙江、上海、江西、福建、广东、香港、澳门等广阔区域）的鸟岛上种植，还让后稷在族人农物歉收时发食物给他们。

经过所有族人的共同努力，十三年后，大河不再频繁暴发洪水。涨水时节，雨水会顺着规划好的河道流向大海，不再汇成洪水淹没良田。他们终于靠着自己的手脚和智慧战胜了洪水，如今人们可以在山下耕种，收获更多的食物。

治水成功后的景象让阿虎十分欣喜，而最令阿虎难忘的是北起淮河、东南到海的扬州。治水后，那里竹林丛生，果林菜蔬随处可见。当地人还给大家送了橘子和柚子，那滋味真好啊！

大越是治水最后一关

大河（今黄河）河水泛滥的同时，大越人民也深受水灾困扰。大越地区多山陵，河川遍布，每逢暴雨，山上的雨水就汇集起来，冲下山淹没田地房屋。所以在治理好大河水患后，大禹又来到位于大江（今长江）中下游的大越。

很不巧，大禹刚到大越的那天，就遇到了剡溪暴涨。他看到弯弯曲曲的剡溪流速奇快，混着山上的石块自西而东，直奔城中。接着又往北直冲，但由于被嵱大山（属今浙江绍兴）迎头挡住，无法奔泻，水位越涨越高。不仅两岸田地受淹，不少人畜也葬身水中。

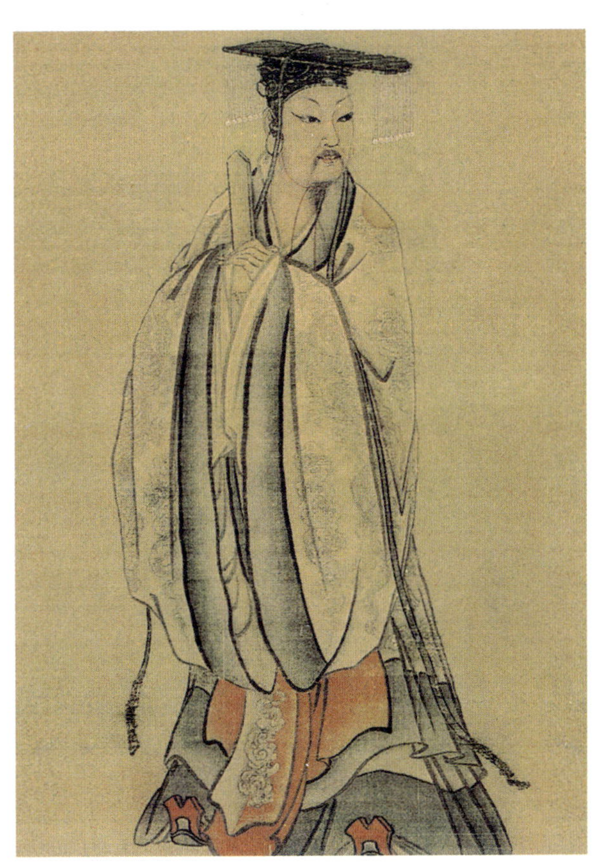
大禹像

大禹乘船仔细察看之后，决定劈开嵊大山的一角，以便将洪水导入舜江（今曹娥江）。在大禹的领导下，大越人民肩挑泥土背扛石头，终于疏通了剡溪。九州大地上最后一块困于洪水的土地这才得以休养生息。

大禹的治水事业至此完成。

当地百姓为了表达对大禹的尊敬，将剡溪称为“禹溪”，传说大禹治水的终点就是“禹溪”。

治水完成后，大禹也老了，但他的任务并没有结束。

他不愿看到如今的部落联盟如此松散，希望可以汇聚所有人的力量，建立一个异于往日的联盟，让各部族紧紧联系在一起。就像治水，只一个部落是无法完成的，要所有的部落齐心协力才能取得成功。

但新联盟就需要制定新制度，严明纪律，首要的就是各地的贡赋情况。于是，大禹就按照各地土地情况与物产的差异，来评定各地的贡赋。此前在治水过程中，他已知悉各地物产情况，现在只等各部首领齐聚茅山时就宣布结果。

防风氏却姗姗来迟，一到茅山就随意找了个地方坐下，没有注意到其他部落首领四处乱飞的眼神。

大禹先是宣布各地贡赋的评定结果，然后与大家解释了一下新规，接着说道：“各族会盟，纪律严明，防风氏却迟到，这就是不对，当诛！”

于是，大禹斩了防风氏，这件事震慑了各部首领。大家明白，这天下当真是要和原来不一样了。

这时大禹宣布将成立一个统一的国家，名字叫作“夏”。随即又给有功的部落分封了土地，还为有德行的人颁发了爵位。

他还说：“我以治水之功为帝，会明法度，爱群民，使天下归一。”

最后，大禹组织各部族一起祭祀茅山山神，宣告一个统一国家的形成。

这种政治形式，后世叫作“宗庙会同”，实为春秋战国时代“诸侯会盟”之先河。而茅山也因此事更名为“会稽山”，取“会祭”之意。

大禹为帝后，兢兢业业地治理国家，天下人也都像对待父母一般爱戴他。在他的治理下，夏朝逐渐兴盛，九州一统，遇到什么灾害都能共同面对。

山河铭刻大禹之名

大禹逐渐老去，当他感觉到自己的生命即将消逝之时，他对群臣说：“我死之后，将我葬于会稽山。”会稽山就是当年大禹会诸侯的地方。

大禹死后，如愿葬在了会稽山。他的儿子启即位后，派遣使者前往会稽山立大禹庙，每年按时节祭祀大禹。从此，大禹祭祀成为中华民族的传统习俗。

相传，大禹葬在会稽后，群鸟被他的德行感动。春天拔草根，秋天吃虫子，使粮食丰收。后来，这祭田就被称为“鸟田”。当时为了保护群鸟，官府还下令禁止民众打鸟，一旦犯禁就会受到刑罚。

但实际上，鸟田指的是“岛田”，即在水中孤丘上开垦并种植水稻的农田。

大禹治水时，会稽山下一片汪洋，浅海中有众多大小不等的平原。这些平原内部除了有纵横交错的河流湖泊外，还有数百座崛起的孤丘。这些孤丘因四面临水，一直无人利用。

大禹初到越地，见到这些形状似釜的孤丘时，便认为这些孤丘经过平整后可用来种植产量高于其他作物的水稻。于是，他便带领越民在这些孤丘上开垦，种植水稻，采取“一盛一衰”（即一种一荒）的轮荒耕作方法，使这些孤丘变成越民开发的第一批水田。

大禹逝去多年后，会稽山下，一条大河自山林间蜿蜒而出。河岸稻苗青青，几个农人正在田间劳作。

“阿田，听说了吗？少康帝将他的儿子封到我们越地为王。”劳作间隙，农人阿石用胳膊擦了把汗，和他身边的邻居搭话道。

邻人阿田直起腰，唱起了歌：“日出而作，日入而息。凿井而饮，耕田而食。帝力于我何有哉。”①

阿石也以歌回他：“天美禹德而劳其功，使百鸟还为民田，大小有差，进退有行，一盛一衰，往来有常。”②唱毕，群山回响，百鸟振翅。

此时，江上驶来一艘大船。船上站着一个身材高大的年轻人，一身布衣，眉目端正。他两手背在身后，遥望会稽山巅。

①〔晋〕皇甫谧：《帝王世纪》引《击壤歌》。

②〔汉〕赵晔：《吴越春秋·越王无余外传第六》。

这人正是阿石口中新来的越王，他是大禹的后裔，名叫无余。无余的父亲少康帝担心大禹祭祀断绝，便将越地分封给无余，命他守护大禹墓。

无余在当年大禹停船的地方下船后，先去山巅祭拜了先祖大禹，后又走访会稽山。在走访中，他发现此时山上还住着许多越民。越地多山地丘陵，能用于耕种的土地很少。当地百姓并不富裕，贡赋也只够宗庙祭祀。

无余到这里后，除了耕种鸟田，以鸟田的收获来祭祀大禹之外，他还在山陵的平地上种植五谷。

无余和先祖大禹一样勤俭质朴，他没有建造华丽的宫室，而是和当地百姓一样在山上居住。每年春秋，他都会到会稽山上的禹墓祭扫。

古时只有贵族才有宗庙，能够进行祭祀活动。无余的子孙传承十余代后，已经从贵族沦落为平民，没有资格祭祀大禹了。

又过了十多年，一个身带异征的人出现了。他一出生就会说话，还能与鸟兽沟通。这个人面向禹墓，右手指天，立誓道：“我是无余君的后人，我立誓恢复先人祭祀，恢复禹帝祭祀。我为民众向上天祈福，请上天保佑我得到祭祀权利。”此人是在借鬼神之力聚集民心。

当地百姓对此感到十分高兴，纷纷奉上贡赋，帮助这个人祭祀大禹。在众人的推举下，这个人被封为越王，号为无壬。

后来越地在无壬的领导下得到了进一步开发，人口逐渐增加，百姓归心。此后，无壬的孙子元常更是大力

〔清〕佚名《御制大禹治水图》（局部）

发展越地，越国兴霸自此开始。及至春秋，祭祀大禹的仪式仍在会稽山上进行着。

周敬王二十四年（前496），越王勾践即位，以会稽为都城，祭禹，并立宗庙，禹祀不绝。

秦始皇三十七年（前210），始皇帝嬴政登上会稽山祭祀大禹，开始了历代皇帝亲祭大禹的制度。

西汉元朔三年（前126），司马迁登上会稽山确定禹穴的位置，开启了文人祭禹的先河。

……

无论山河如何变迁，祭禹之风从未断绝。华夏子孙始终铭记大禹精神，而大禹遗迹遍及九州，越地山河处处铭刻大禹之名，处处有大禹的传说。

当初，华夏圣祖大禹接受舜帝的命令治水，踏遍中华山川土地，河流沼泽。后来正因他的劳心劳力、披肝沥胆，才有了中华大地上百姓的安居乐业。

大禹生时心系苍生，逝后葬于会稽山。此后千年，大禹祭祀不绝。青青会稽山，汤汤浙江水，中华民族永不会忘记大禹的功德。

第二章

勾践借运河扭转局势

围困山顶的最后一计

周敬王二十六年（前 494）的一个春日，天色近黑，山谷中不时传来一阵阵嘶哑的乌鸦叫声。

越王勾践看了眼围坐在自己身旁的将士，经过白天的恶战，一个个都垂头丧气的。勾践理解，打了败仗他们心里也难受。

天色完全黑了，营地里燃起了篝火。按理说此时该是将士们吃饭的时辰，但如今山脚下全是敌兵，他们这五千余人被逼上山，现在已是弹尽粮绝，只能等候下一步的指令。

“难道是天要亡我？”勾践垂头摩挲着陪伴自己征战沙场多年的那把宝剑，面对眼前的将士，只能将绝望埋在心底。

战争进行了五天。初时勾践满怀雄心，他完全没想到会有被逼上城山的一日。

想当年“槜李之战”，天时地利人和，一众精兵强将浩浩荡荡沿埠中（今诸暨市店口镇和阮市镇一带）从西小江（今浦阳江）至浙江，再由通陵江经御儿（今浙江桐乡崇福一带）达到槜李（今浙江嘉兴市南）。[①]

当时他们一路经过越国布控的固陵、防坞、杭坞等众多军港。这些军港是越国的防御要地，也是越军的军事中转站。正是由于便利的交通、充分的部署和后勤的保障，“槜李之战”才取得胜利。

那一年是他人生中最辉煌的时刻。五湖之畔，越国三百死士自刎。这场面看得吴军目瞪口呆，勾践便趁机带着大军一拥而上，大败吴军。那时他一手持剑左劈右砍，将对手一个个斩落车下。越国大夫更是勇猛，挥戈斩落了吴国先王阖闾的脚趾，令他后来重伤而死。

那一仗之后，勾践也成了英雄，他在众人的欢呼和拥戴下，在会稽城称王。越国从此声名远扬，威震一时。

后来听闻吴国那边夫差继位，勾践也并不放在眼里，反而暗自鄙夷：不过竖子而已，能有什么大动作。

只是勾践不承想，杀父之仇一直埋在夫差的心底。自打夫差继任以来，他就“日夜勒兵，且以报越”，励精图治，准备有朝一日找勾践复仇。

得知吴国日渐强盛，勾践有些坐不住了，他说：“与其坐以待毙，不如先发制人。”范蠡听后急忙劝阻他：“动用武力发动战争就像淫佚放荡一样，都是违背德行的事，是上天所不允许的，如果大王你强加施行，将有不好的结果。”

①刘见华：《吴越战争越军进军路线考》。

但勾践不听，只回道："无是贰言也，吾已断之矣。"①仍一意孤行地调集军队打算向吴国发起进攻。

与上次征战有所不同，这次勾践选择从埠中出发，沿西小江北上抵达浙江边的固陵，再进至太湖椒山。②勾践想的是照此路线，一来可以节省时间，二来不用经过吴国属地，可避免打草惊蛇，到时候再杀他们个措手不及。想到此处，勾践便沾沾自喜，觉得此时已经万事俱备，只差一个大捷。

殊不知，他以为的"胜利在望"不过是正好遂了夫差的意。一边是临时调兵遣将，另一边却是日日苦练，早做好了十足的准备，实力悬殊可想而知。

勾践如期率领士兵出征，夫差闻讯立马率十万精兵，从水路出发，迎击越军，与之激战于夫椒（今无锡太湖马山）。

当时，吴军在夜间布置了许多诈兵。他们分成两路，高举火把，火光在黑暗的夜幕中连成一片，迅速向越军阵地移动，杀声震天。夫差更是亲立船头，秉袍击鼓，顿时全军士气倍增。反观越军，一见伏兵就惊恐万分，军心动摇。突然间北风大起，江面波涛汹涌，吴军大舰顺流扬帆而下，全程用强弓劲弩攻击越军。箭如飞蝗，越兵迎风而上，却根本无法抵抗，只能大败而走。

吴军乘胜追击，进占了越国都城会稽。越军一路溃败，勾践一直退到古湘湖一带，在慌不择路之下，带着残兵上了城山。城山位于今浙江省杭州市萧山区西北，北控钱江，南制湘湖，其山坡陡峰峻，地势险要，易守难攻。且山顶中卑四高，宛如城堞。城山上又有越军在山顶上修筑的军事要塞，能够暂时抵挡吴军的进攻。这才造成

①〔春秋〕左丘明：《国语》。
②刘见华：《吴越战争越军进军路线考》。

越王城山

了现下勾践仅以三千余甲兵固守城山的困顿局面。

“报！大王，小臣刚去查看，山脚下每个出口都有吴军把守，现下可如何是好？”适才下山打探敌情的将士急呼道。

听闻此言，勾践算是彻底心死了，他了解城山的地形。城山虽不高，只有一百来米，但地势险峻，交通不便，上山下山都只有一条曲曲弯弯的小道，可谓是“一夫当关，万夫莫开”。当时他只想到城山易守难攻，吴军绝不敢轻举妄动，却没有想到吴军进攻城山难，越军想要从被吴军包围的城山中逃出也不是件易事。真是万没想到自己选择的堡垒转眼间就成了困住自己的牢笼。

勾践在心中叹息：被困于此，即便是越国儿郎个个以一当十，恐怕也难脱身。倘若有机会逃出去，待我重整旗鼓，一定杀他们个片甲不留。然而想归想，现下他却只能徒劳呆望四面的陡峭山壁。

绝境之下，范蠡劝勾践先答应吴国的任何条件只求保全性命：“我们今天是失败了，但只要土地和百姓都在，就可以复兴国家。现在，必须卑辞厚礼才能跟吴国休战，如果吴国不允许，我们就屈身事吴。总之，当务之急是保全性命。”

勾践听完，心中无奈：范蠡此话没错，不过是受些屈辱，我定会卷土重来。只恨自己之前竟没有听从他的建议，如今才沦落至此。

只不过投降也不是一件简单的事情，吴军兵多将广，如果越军就这般轻易地投降，势必会让吴军察觉到越军虚弱。这时吴军若强攻城山，再举兵南下，越国必亡！

勾践他们得想个办法让吴军以为越军还有一战之力，不好轻举妄动，这样越国才能赢得喘息之机。

勾践君臣苦思冥想之际，就收到吴将派人从山下送来的两尾咸鱼。

勾践见到这咸鱼，顿时压抑不住心头的悲愤，脱口而出："夫差小儿是觉得我勾践无粮，必亡于他手了吗？"

范蠡皱眉看着咸鱼沉思片刻，忽然眼前一亮，笑着对勾践说："大王，这咸鱼正是我们的一线生机。吴军送来咸鱼，是认为山上缺水，我军必不能持久，想不费吹灰之力迫使我军投降。大王何不反其道而行之，让吴军以为我军有水有粮还能久战？如此，即便降吴，也不至于国家覆灭。"

听了范蠡的话，勾践恍然大悟，将目光望向洗马池方向。洗马池是城山上一口两丈宽的水井，深不可测，水井中还有很多鱼。事不宜迟，他立刻命卫兵在洗马池中捉了两尾活鱼，交由送咸鱼的吴兵带回。吴将一见鱼，想到山上有水、有鱼、有粮，越军恐怕还能在山上支撑一段时间，而自己十万大军一天的粮草就是一个惊人的数字，他只好下令暂且撤军。

吴将送来的这两尾咸鱼正是时候，而勾践将两尾活鱼作为回礼也真是个好计策，让身处绝境的越军得到喘息，也为"求降保越"争取了时间。

吴军撤兵之后，勾践便听从范蠡的建议，委曲求全，派遣文种前去与吴国谈判。就这样，原本雄心勃勃的勾践，开启了屈辱的为奴生涯，因此才有了"苦心人天不负，卧薪尝胆，三千越甲可吞吴"[1]这样为人称道的事迹，

①语出清代蒲松龄自勉联："有志者，事竟成，破釜沉舟，百二秦关终属楚；苦心人，天不负，卧薪尝胆，三千越甲可吞吴。"

不过这也是后话了。

这次兵败给勾践敲响了警钟，他知道，虽然有幸捡回一条命，但自己需要改掉狂妄自大又轻敌的毛病，更重要的是要学会提前为自己留后路。这次兵败的经历也为他之后东山再起时，兴修水利、挖通河渠埋下了种子。

伐吴之旅少不了这条水道

越王勾践经历多年屈辱，终于回到自己的国家。

回到越国的勾践一心想要一雪前耻。虽然具体怎么办尚且不知，但是他想到当初被困城山时，若是可由水路逃脱，他也不至于沦落至此。所以沉思多日后，勾践打算从修理河道开始。

这事落到了范蠡的肩上。

为了保证河道修理工作的完成度，范蠡亲自主持疏浚了自山阴城东郭门到炼塘的山阴故水道。故水道贯通了山会平原的东西地区，甚至与东、西两小江连接，又连通了南北诸河，一跃成为越国的交通命脉。与此同时，吴国主持挖掘的邗沟已经施工完毕，几近投入使用。

一切准备就绪，勾践现在只等一个合适的时机。

当伍子胥的死讯传来时，他没有动作；当吴王夫差日日沉湎声色时，他仍没有动作……等到夫差去北部黄池会诸侯之时，勾践才引兵伐吴。这一次越国占尽上风，甚至逼得吴国这一昔日霸主主动求和。勾践自知无法灭亡吴国，但这一战可让他不必再向夫差称臣。四年后，吴国的精锐部队在与齐、晋的争霸中损耗大半，勾践抓住这一机会举兵攻打吴国，最终得偿所愿灭了吴国，一雪前耻。

说来十分有趣，吴国为了攻打齐国时方便运输物资，将淮水与长江相连，开掘了“邗沟”运河。勾践则有样学样，扩建了“山阴故水道”作为包抄吴国的后路。无论是邗沟还是山阴故水道，最初都是兴于军事。或许谁也没想到，邗沟成了京杭大运河的前身，而山阴故水道竟会在后人的陆续扩建中变成造福一方的浙东大运河。这都是杭州的宝贵财富。

其实在这场吴越争霸战背后，还有勾践的许多心思，这些都要从勾践刚由吴国返越时说起。

公元前 486 年，早春的号角已然吹响，和煦的春风席卷大地。越国都城一改冬日的萧条，田埂上蒲公英的新芽刚冒出地面，河畔灰褐色的柳树也抽出几多绿枝。

瞧见这一幕的勾践可谓感慨万千，这是他归国后的第五年。遥想当年他在城山被困，迫于无奈只能对吴称臣。入吴之后，他步步小心，日常只穿粗麻衣裳，不食荤腥，低声下气地博得了夫差的信任。也正是如此，他才得以平安地回到越国。

这么多年过去了，在吴国求生的日子仿佛一根刺一般扎进他的心脏，回国后的日子并没有使这种刺痛减轻分毫，反而更加疼痛难忍。如今，越国已经今非昔比，他想，和夫差之间的恩怨也是时候清算了。

雪耻的念头从未断过，只是勾践未曾将其宣之于口，而是以实际行动一步步壮大越国，使之足以与吴国抗衡。如今的越国，在勾践与文种等人的努力下，早已恢复了往日元气，甚至可与战前的吴国匹敌。

勾践听说伍子胥与夫差产生争执，双方互不相让，这让他心情大好。当年，他花重金贿赂的吴国大臣伯嚭果然不错，这么快就给他带来了好消息。只要再推波助澜一番，让伍子胥彻底失去夫差的信任，伐吴的风险便又会大大降低。

后勾践又听闻夫差正集结大军准备攻打齐国，并且为了运输粮草，还企图打通淮水与长江，使北伐之路畅通无阻。此前勾践碍于实力不足，从未向外人提及雪耻之心，但今时不同往日，他已经有了信心。勾践站在高楼之上，望着宫墙外辛勤劳作的百姓，他紧握栏杆，心中暗忖：必须要有完全的把握才能北上伐吴。如今看似诸事皆备，不定还有其他细节需要考虑，应当尽快与他们三人商议。

这三人正是文种、范蠡与计然，说来此三人当真是越国良才。主理军事的范蠡为之后勾践伐吴立下了汗马功劳，精于政事的文种在勾践入吴后兢兢业业地打理越国，而善于谋划的计然则为越国的长足发展提出了许多建设性的意见。

当初勾践被困城山，即将入吴为臣时，因看好范蠡之才，本准备命他打理越国政事。但是范蠡直接回绝了此事，并说道："行兵打仗，文种不如我；镇国安邦，我却不如文种。"于是，勾践便将百废待兴的越国交到了文种的手中。文种也果然没让他失望，这几年来越国被他治理得井井有条，丝毫没有颓唐之气。

勾践入吴三年左右返越，看到当时的越国，欣慰非常。然而，这份欣慰转瞬间就被大臣们的言行浇灭，回国多日竟无一位大臣提出要为他洗刷耻辱，勾践心中颇有愤懑。当然，勾践从未将此心情公之于众，大臣们也不知他如何评判自己，君臣彼此的小心思就这样无伤大雅地共存。范蠡不同，他洞悉了勾践的想法，却不明说，而是向他建议重新立国树都。

勾践现在还记得范蠡当时的神态，镇定自若得不像是征求他的意见，倒像是料定他会同意，只象征性地通知他一下。范蠡说："经此一劫，越国不如重新立国树都，也算是一雪前耻。我们需要彻底摒弃都城的修建法则，将新城建在平原之上，平原四通八达，大王定能建立霸业……"

这一提案深得勾践欢心，他当即将筑城的所有权力都交到范蠡手中。动工前，选址却成了一大难题，好在范蠡洞悉越国地形。经过一定的考量后，他将新都的建造地址选在了略高于其他地方的平原上，那处东西约五里，南北约七里，周围还有许多大小山丘。如果在此处修建城池，山阴故水道正好流经城外，能够阻隔北边的潮汐与南部山区雨季的洪水，同时还能为城中百姓提供足够的饮用水。不仅如此，它还是一条难得的水上航线。

事实上，新都城的选址是范蠡综合多方要素决定的。此地不仅是一流的交通要塞，还能满足勾践伐吴的需求。

范蠡心想：当初战败，国君轻敌不假，吴越未来必有一战，吴国水师强大，我越国无论是水师还是水运都不及吴国，急需补救……总之，新都城的选址与建造都是为了日后伐吴做铺垫。

新都城分为大小城池，先投入建设的是"勾践小城"，之后又在小城的东面修建了"山阴大城"。它们建于会稽山北面，在山会平原上，又有种山、怪山、蕺山等山做伴，既得山水之利又无旱涝之忧，能攻易守。大小城的建造与水紧密关联。环绕小城一周，约二里二百二十三步，设有四个陆门与一个水门。这一水门沟通了当时城外的河道。大城的周长约二十里七十二步，又建有三座水门，分别是东郭门、南门与都泗门。大城北面没有城门，想必是临近若耶溪水，溪水飞流直下，建门容易阻挡，会导致洪水倒灌，倒不如不建。

大小城的四个水门完全是按照城内的河道水系规划的。东山阴故水道从东郭门流进大小城，经过凤仪桥到水偏门流出；凤仪桥与仓桥之间存在一条南北向的环山河；府河则南北向贯穿南门到小江桥；从酒务桥北向东，途经府河，再从清道桥经过东街，到五云门之间还有一条东西向的河流……

如此一来，大小城均建在了陆路平坦之处，同时，城内外河道纵横交错，一旦与吴国发生战事，就可借水路运输粮草，以陆路来行军，实在方便至极。

勾践十分满意范蠡主持修建的大小城，等到大小城逐渐繁荣，勾践也不再隐藏自己力图北伐的心思，他询问计然：寡人当如何才能打败吴国？

计然是范蠡的老师，他深知勾践伐吴之心已久，倘若不据实以告，勾践可能冲动行事。于是，计然将自己所有治国方略倾囊相授，概括而言，其中最重要的一点便是粮食。

想要打败吴国，必须确保粮食的供应，而且还得在战时继续满足百姓的日常生活所需。

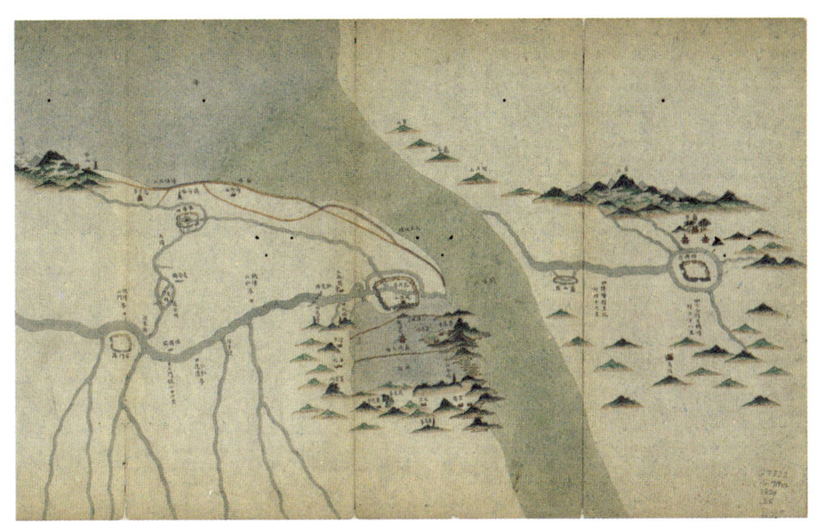

浙江运河水利泉源河道图

为了实现越国粮食满仓、百姓持续富足这一理想，勾践动了治理农耕的心思。照计然之计——“或水或塘”，勾践命人修建了富中大塘。此大塘西起城外若耶溪东岸，东至东湖绕门山偏南，介于若耶溪和富盛江之间。堤坝与北邻的山阴故水道平行，同时在山阴故水道、若耶溪、富盛江沟通处设有闸、堰等设施，以此排出塘内山水和引灌富中大塘与故水道之间的水源。

粮食的问题一解决，接下来便是兵器了。

由于越国尚对吴国称臣，大肆制造兵器难免引起怀疑，勾践只好悄悄寻个僻静处充作铸剑场。没多久他就相中了一处绝好的铸剑场所，故水道的东端——炼塘。

铸剑少不了水，而运输这些重剑也是一个大麻烦，将铸剑点选在故水道上确是英明之举。

修建故水道，也是为了使北伐之行万无一失，同时还大大便利了两岸百姓的日常生活。可以说是百利而无一害。而这山阴故水道也成了后来浙东大运河最早开凿的一部分。

浙东大运河的开凿及后来的拓宽、疏浚、延伸，对浙江地区的灌溉、全国性的南北航运、水驿、漕运等都起到了重要作用。它将杭州萧山、绍兴、余姚、上虞、宁波镇海等地串联起来，同时与邗沟相接，与京杭大运河航运相通。

作为京杭大运河与浙东运河的起点之一，杭州在千年历史中因运河受益良多，除了部分社会价值，还衍生出旅游等用之不竭的产业资源，无论是对经济发展还是提升文化软实力都有着不可小觑的影响！可以说勾践对杭州的发展起到了功不可没的作用。

第三章

秦始皇立县修河祭大禹

钱唐建县背后的战火纷飞

秦王政二十五年（前 222），咸阳城中，高台之上，巨大的土石宫室耸然而立。烈烈骄阳下，有严整的士兵守卫在宫门附近。

此时宫门大敞，明亮阳光照在一根根粗壮的铜柱上，照亮了上面蜿蜒着的各种虎豹兽纹。铜柱撑起绘制着山河星辰纹样的屋顶，屋顶之下，几十名官员分坐两边，正在争论不休。

其中一身穿双重长襦、头戴武冠的人出列，朝前弯腰行礼："禀告大王，将军王翦来报，大军南下，已平定楚江南地（今浙江一带，古吴越之地），俘越国之君。"

话音刚落，宫室一静，众人齐齐肃容看向前方。

御阶之上，跽坐着一名中年男子，他身着玄衣纁裳，头戴通天冠，神情威严，此人正是秦王嬴政。听到王翦定楚，嬴政看着阶下群臣，不禁回想起三年前伐楚之事。

秦王政二十二年（前225）时，秦国想完成统一大业，楚国正是它最大的一个障碍。楚国国力强大，而楚人性格又剽悍不畏死，且秦楚两国世代联姻，秦国国内楚人势力盘踞已久。如果秦国攻打楚国，秦国国内的亲楚势力必定会加以阻挠。

为此，嬴政罢免了昌平君相邦的职位，将他贬到郢陈（今河南周口市淮阳县），希望以此边缘化国内的亲楚势力。这是定楚第一步。

此时，楚国疆域已涵盖越国。在楚怀王时期，楚国便趁越国内乱，派遣昭滑率军攻打越国，攻克其都城会稽。越王无疆战死，越国自此分崩离析，残余力量逃往大江（今长江）南部沿海，各自为政，称君称王。就这样，楚国得到了越国土地，包含原属于吴国的余杭，变成了南方大国。

嬴政知晓李信十分勇猛果敢，有领兵之能，便就攻楚一事询问李信："寡人想要攻取楚国，将军估算一下，需要多少兵士才够？"李信回答说："最多二十万人。"嬴政又问将军王翦，王翦却答："非得六十万人不可。"嬴政当时听后便想：王翦将军还是老了啊，用兵越来越稳，显得有些胆怯了，不如青壮的李信果势壮勇。

王翦认为，楚国虽因楚怀王用人不当，国势渐衰。但楚国本身国力强大，哪怕是已经有些衰落，也不是秦国随随便便就能打下来的。所以必须集齐秦国全国之力一鼓作气，才能将楚国拿下。

朝中君臣讨论两人用兵之法：王翦求稳，打仗稳扎稳打，必须六十万人。只是攻打楚国若需抽调六十万兵力，军粮方面国内会有很大压力不说，还将影响春耕，对秦

秦始皇塑像

国来说损耗实在太大。而李信是年轻一代的武将，用兵果敢，攻打楚国的方案也没什么问题。如果李信真只用二十万人就可攻下楚国，那么国内也不会有太大的压力。

君臣几轮讨论下来，嬴政决定让李信担任攻打楚国的主将。

王翦对这个决定没有异议，他明白自己年纪大了，是该给年轻人让路了。于是他写了封辞呈，表示自己已经年老，体弱多病，请求回老家频阳（今属陕西富平县）养老。

嬴政也允许了王翦的请求。

没过多久，李信便率领秦军攻打楚国。初时十分顺利，在郢陈的南部和东南部大败楚军。可正当李信乘胜追击，准备进攻楚国的首都寿春（今安徽寿县），一举攻灭楚国时，身在郢陈（今河南淮阳县）的昌平君却起兵反秦，占据郢陈，切断了秦军的后路。李信不得不停止攻楚，前去夺回郢陈。结果，楚将项燕（项羽的祖父）乘机率军夹攻秦军，秦军被楚军和昌平君前后夹击，大败而归。

嬴政得知秦军大败，惊怒交加。迫不得已，他只能亲自前往频阳向王翦道歉，请求王翦复出。王翦以自己年老多病为由推辞了嬴政，请嬴政另选贤将。嬴政坚持请求王翦，王翦这才提出自己的要求："大王如果要让臣率军攻打楚国，那一定要有六十万人才行。"

嬴政答应了。

秦王政二十四年（前 223），王翦率领秦军攻占楚国国都寿春（今安徽寿县），俘虏楚王负刍。

……

嬴政回过神来说："现在王翦将军已平定楚江南地，燕地也已拿下，寡人一统天下的障碍终将完全拔除！接下来要考虑的是如何压制吴越之人，让他们臣服于寡人。"嬴政眼神一厉，随后又恢复平静。

接着，嬴政望向阶下群臣："诸位以为吴越之地当如何处置？"

廷尉李斯出列，他头顶高山冠，袍服配绶，腰配书刀，耳簪白笔，手执笏板，深鞠一躬后答道："大王，斯以为，应该在越地设置郡县。"

丞相王绾听得李斯此言，眉头一皱，当即出列反驳："六国将全灭，燕、齐、荆地（荆楚，荆指楚国之地）偏远，如果没有分封诸王在那里镇守，到时可能又将生起祸端。还请大王将这些偏远之地分封给诸位公子。"

李斯是郡县制的拥护者，王绾是分封制的拥护者，两人各执一端，嬴政还没考虑好该如何行事。

四海将平，大秦将成为这天底下唯一的国，嬴政将成为天下共主，这是前所未有的荣耀。但他也面临着一个前所未有的难题——如何治理这样庞大的帝国？楚、越之地只是六国土地缩影，朝堂论楚越，即论天下。

廷尉李斯分析分封制的弊端："周天子分封了众多同姓诸侯国，然而时间一长，各诸侯间血脉淡薄、互相疏远，甚至彼此成为仇雠。等到征伐四起时，周天子早已无力阻止。今天下因大王的英明即将一统，有赖于秦国变法，采用郡县制。若分封诸子，不知何时战乱又将重启。分封诸侯于天下不利，望大王三思。”

嬴政是不想分封的，他不想将秦变成另一个周朝，他想开创一个不一样的，超越三皇五帝时期的国家。因此，他说道：“天下苦于战乱不休，正是因为有侯王。多亏了秦国先祖，天下才能安定。如今又开始推行分封制，就是在重启战端，这难道不是灾难吗？廷尉的提议才是正解。”

于是，嬴政设置了会稽郡，郡治在吴县（今江苏省苏州城区），管辖春秋时大江以南的吴国、越国故地。

秦始皇二十六年（前 221），嬴政在灵隐山下设立钱唐县治，钱唐县隶属于会稽郡。这是杭州地区历史上首次建县，钱唐也成了杭州历史上的另一称谓。

在秦时，现今的杭州市区还是一片海湾，西湖也尚未形成，与江水连成一片。那时，钱唐县只是一个普普通通的海边小镇，谁能料到千年后，这个小镇会变成“东南形胜，三吴都会”呢？

秦始皇筑陵水道

秦始皇三十三年（前 214），嬴政正在咸阳宫中处理政事。书案上堆满了竹简，偌大的国家，每天都有数不胜数的政事需要处理。

“蒙恬在北方攻打匈奴，也不知道怎么样了，想来是不用太过担心。倒是屠睢，在南越进展不利，迟迟不下。”嬴政自言自语道。

说着，他展开百越舆图，手指划过竹简上刻着的“吴越、扬越、闽越、南越、西瓯、骆越”……看到此处，嬴政不由陷入沉思，突然一阵急促的脚步声响起，引得他抬起头。

中车府令赵高小步急趋到案前拜下，额头紧贴着地板：“禀陛下，都尉赵佗来报，大军在西江畔三罗地域遭到南越土人袭击，伤亡数十万，国尉屠睢中毒身亡。”

“啪”的一声，嬴政将手中的竹简丢到案上。他左手扶案，右手已紧握拳头，青筋暴起。

赵高屏息许久，才听到帝王平静而威严的声音：“宣冯去疾、李斯等人朝见。”

李斯、冯去疾为秦朝的左、右丞相，嬴政同时召二人议事，可见南越事态紧急。

秦王政二十五年（前222）时，将军王翦平定楚江南地（今浙江一带，古吴越之地），俘越国之君。只是，百越诸人尽数叛去，岭南一带不稳。到第二年，百越、匈奴仍然没被拿下。嬴政心想：若要大秦千秋万代，百越、匈奴必除！

因此嬴政将屠睢封为国尉，命他率领五十万大军，南征百越。同时，命令监御史史禄深入越地，在今天的广西兴安县北开凿灵渠，以便运粮。如今灵渠将成，不想主将屠睢却突然身亡。

左丞相李斯、右丞相冯去疾、将军冯劫等朝中重臣已经得知南越一战、国尉屠睢身亡一事。得到皇帝嬴政宣召，他们立刻前往咸阳宫中议事。

咸阳宫中，嬴政端坐，众人行礼后连忙盘坐于垫。

“屠睢阵亡一事，众卿可知？”帝王的语气不含一丝波澜，仿若平静海面，底下暗藏汹涌。

众人应：“知。”

“那众卿以为，岭南一事该如何处理？”嬴政扫视众人一番，看向了将军冯劫。

冯劫出列，答道：“禀陛下，灵渠未通，行军运粮困难。不如先在楚越（楚地和越地）征发庶人兵卒。等到灵渠开通，就可以一举攻下岭南。”

“可，让监御史史禄加征戍卒，尽快通灵渠。”嬴政应下。

“屠睢已亡，应该让谁率军攻打百越？”右丞相冯去疾发问。

嬴政斟酌了一刻，说道：“副将任嚣、赵佗接替即可。”

李斯在心中描摹了半天百越舆图，方才开口：“禀陛下，南越、西瓯不稳，楚、越两地是南下百越、西瓯必经之地，需要提防会稽的越人和东南外越联合起事，扰乱东南边疆。”

嬴政看向李斯，缓缓点头，随即问道：“卿以为该如何行事？”

“臣以为，首先应在会稽郡内修通连接吴越两地的水路陵道，以吴地控制越地。再将会稽的越人迁到钱唐、余杭一带，让人监督，以便隔开会稽的越人与东海外越。最后把大越（今绍兴）改名为‘山阴’。”

“准，你们根据李斯的话行事。”

群臣齐声应道：“诺。”

同年，灵渠通。

在灵渠粮道全面开通保障后勤补给后，嬴政再次召集军队进攻百越，一举占领了岭南全境，并设置了南海、桂林、象郡三郡。

为了巩固战果，加强对包括今杭州在内的百越之地的防守和统治，也是为了加强对越人的控制，嬴政又采取了新的措施，他要在会稽修建水道，打通旧吴越两国，以便管理越地。

会稽郡守刚接到修水道的命令就愁得不行，只好召集门客一起商讨。

门客还没来，会稽郡守心里就已经盘算开了：水道肯定是要修的，始皇帝的命令谁敢敷衍呢？水道修成后，郡里的灌溉运输也会方便许多。越地的好东西，也能运出去给老百姓换些钱财。可是该怎么修？会稽郡是秦国新设郡，自己初来乍到，全面掌控此地已是不易，更别提修水道了。会稽这个地方还近海，三不五时就有潮患，修水道的人力、物资尚且需要筹划，还要提防潮患，简直无处下手。

门客们到来后，会稽郡守就将关于会稽建水道之事的一系列问题抛了出来。

其中一个门客说："修水道要人不难，本来每年就有服徭役的，还有身兼罪罚的戍卒。只要郡守您将这些人组织起来，人的问题自然就能解决了。"

会稽郡守听了这话，只是点点头，并未说什么，心里则想着：道理是这个道理，可是总得有人管着这些戍卒，自己一个郡守总不能天天去水道上吼人干活。问题是谁去呢？得在会稽本地挑几个家世清白的人做领头，刚好自己这些门客里就有会稽人，但选谁也不好当场决定，还要再想想才是。

郡守又说道："这水道的地点也不能随便选。它要连接旧吴国、越国两地，咱们的郡治正好是在吴县（今江苏省苏州城区），有了这条水道，另一端的越地也好管理。"

另一个门客正是会稽郡土生土长的本地人，熟悉当地环境。他想了想，说："那倒是可以在吴国故水道和越国百尺渎的基础上修水道。吴国故水道连接吴县和广陵（今江苏扬州），百尺渎连接由拳（今浙江嘉兴）和山阴（今浙江绍兴），中间渡过浙江（今钱塘江），经过钱唐。若是在故道上修筑，便能省了许多力气，而且钱唐在入海口往西一百二十里处，水波平静，行船也稳当。"

会稽郡守听后眼前一亮，说道："如此，这件事就交给你了，你去考察考察，规划一下水道的走向。"

最主要的两个问题解决了，余下的建筑材料问题就容易了。会稽郡内多山，让人进山采石便是。

做好一切准备，会稽郡守就着手水道修建工作了。

在建水道的同时，他还命人把水道两旁的道路一起修了。

秦始皇三十七年（前 210），今江南运河的前身——陵水道建成。这条水道连接了太湖流域和浙江流域，加强了吴越两地之间的经济文化交通往来，为后世杭州的发展奠定了基础。

东游会稽是为祭祀大禹

一统天下的第十一个年头，嬴政已经明白，虽然刀剑武力可以使吴越大地上的人屈服，却不能使他们真心认同自己。他推行霸道，统一四海，自认为功绩已经超越三皇五帝。但在吴越百姓心中，他仍不能和功德卓著的大禹相比。

于是，嬴政打算东巡，去会稽山祭祀大禹，收服人心。

秦始皇三十七年（前 210），某日，嬴政正在校场上练剑，身后突然响起一阵轻快的脚步声。

他没有回头看，直到完成一套动作才将手中的剑递给内官收起，拿起宫人递上的帕子擦了擦汗，回头对那名少年招招手，将他唤到身边："胡亥，来找父王有什么事？"

胡亥是嬴政最小的孩子，生于秦王政十七年（前 230）。他出生的时候刚好碰上大将内史腾攻下韩国，俘虏韩王安。在嬴政眼中，他是个生带吉兆的孩子。加上他自幼机灵嘴甜、很会撒娇，所以嬴政对这个幼子很宠溺。

"父王，最近您的剑术更见精进！今年东巡，把我也带上吧！我想去看看大禹发现金简玉书的地方。"

清代青绿彩绘《浙江全图》

这次东巡，嬴政本没有想过要带上幼子，不过胡亥竟然提出要去看大禹先迹，倒真是深得他心。

嬴政的东巡队伍在当年十月出发。

据《史记·秦始皇本纪》记载，嬴政一行人“过丹阳，至钱唐，临浙江，水波恶，乃西百二十里从狭中渡”[①]。这是钱唐之名在正史中最早的记载。

当时嬴政一行人南下，走的是他令人新修的丹徒水道（今江苏境内）及陵水道（今浙江境内）。

他们乘船来到余杭时，因浙江波涛汹涌无法渡过，只好往西一百二十里地去富春江狭处渡河。路过富阳时，嬴政下船登山，在江边一座山坡上遥望富春江。正因此举，当地至今仍留有秦望浦、秦望路、秦望广场等地名。

①〔汉〕司马迁：《史记·秦始皇本纪第六》。

大江波涛汹涌，嬴政看着江面，想着当初大禹是如何靠着肩挑手提制服洪水，他心中莫名有些怅惘。

嬴政忽然想到《荀子》中的一段话：“庶人安政，然后君子安位。传曰：‘君者，舟也；庶人者，水也；水则载舟，水则覆舟。’”①

“这难道就是载舟亦覆舟之水吗？”嬴政在心中想着，不过他话还未说出口，就已经被江风吹散。

江上，嬴政乘着大船渡河，江边百姓都静穆地观看这世间第一个皇帝的威仪。一个二十出头的英武年轻人隐在人群中，看着大船上被威风凛凛的甲士环绕的嬴政，目中神采连连。他脱口而出：“以后，我就要取代他，站在那个威风的……”

年轻人的话还没说完，身边的中年壮士一把捂住他的嘴，左右看了看，才低声说：“不要乱说话！否则全族都要遭到灭顶之灾！”

这二人正是楚国名将项燕的儿子项梁和孙子项羽。项梁虽说阻止了项羽的话，可他心里却是极为赞赏自己这个侄儿，认为他志向远大。

嬴政到达会稽已是次年，即公元前209年正月。《汉书·郊祀志》也记载了其时其事：“二世元年，（始皇）东巡碣石，并海，南历豢山至会稽，皆礼祠之。”②

嬴政带着众人登山，到了禹祠祭祀大禹。他身穿一身玄色礼袍，一举一动都合乎礼仪，庄重威严。

鼓乐声中，那因祭祀燃烧形成的烟气被风卷起至天

①〔战国〕荀况：《荀子·王制篇第九》。
②〔汉〕班固：《汉书》卷二十五下。

际，仿若龙腾四海。

嬴政似乎听到有声音自天边响起，问他："汝有何德主华夏？"

嬴政知道，这声音必是大禹。他回道："就算没有，那又如何？大禹已逝，今主华夏，号令四海的是朕；一统天下，结束九州百年烽火混战的是朕；配称'始皇帝'之人也唯有朕。朕的功绩何须前人或后人评述！朕的德行又何须告知大禹！祭祀大禹，不过是朕借大禹身份掌控越人罢了。"

风呜咽而过，仿佛山河的叹息。

祭祀完大禹后，站在山顶，嬴政看到一片茫茫的大海。他心想：我秦国锐士用刀剑使六国之人屈服，又征服匈奴百越。想到这，嬴政突然冷笑一声："朕知道有些人心中不服！可即便如此，只要朕在一日，他们也只能称臣！况且我秦军将士在，何人敢擅动！"此话罢，他身后的一群臣子颤抖着立刻齐刷刷地跪下。

嬴政随即转头吩咐李斯："刻石吧！"

在会稽，秦始皇嬴政通过祭祀大禹、会稽刻石等行为树立自己作为一个帝王的权威，同时也是加强秦王朝对越地的集权统治。自嬴政祭禹起，从此历代皇帝也开始了亲祭大禹的仪式。

第四章

孙权称帝使杭州初露峥嵘

富春孙氏割据江东

世人只知道孙权建立东吴，却不知他的家人个个都实力不凡，就先说他的父亲孙坚，那可是个有勇有谋的汉子。

东汉熹平元年（172），吴郡富春人孙钟和他儿子孙坚，带着孙氏族人一起乘船去钱唐（今浙江杭州）。那时，他们正行船于富春江上，远远地，孙坚看到前方很多船聚集在一块。船上的人不停地张望，却没有一只船继续往前行驶。

孙坚觉得很奇怪，于是命人将船靠向其中一只船，探出身去跟那边的船夫打听消息。船夫小声告诉他："听说前头有水寇刚刚抢劫了一艘商船，正在岸上分赃呢！所以大伙儿不敢再往前走！"

孙坚这才知道原来是有人行恶，别人忍得，他可忍不得，他决定替天行道。上岸后，孙坚多方打探，终于获悉了水寇的位置。

他观察完地形，斟酌半晌还是决定知会父亲："阿爹，我们不能让水寇分完赃再去祸害其他乡亲。这伙水寇警惕性不高，分赃分了那么久还没有分完，必是内讧了。趁他们现在还没注意，我带人去把他们一举歼灭。"

"这不是你能解决的！别仗着有几分武艺就强出头！"孙钟赶紧拦着自家这好打抱不平的小子。别的事也就由着他了，这可是水寇，凶恶着呢！岂是他一个毛头小子能对付的？

可惜孙坚主意已定，即使是身为父亲的孙钟也拦不住。孙钟看儿子领着一群年轻的族人讨论了一阵，就各自拿刀离去了。

等他们摸到水寇附近时，孙坚就让族人四散开来，躲在草丛间，装作有很多官兵的样子。他自己则站在高处，用手向东向西指挥着，假装一副正在部署官兵准备包抄围堵的样子。

这一幕被一名水寇看见。那水寇刚想嚷嚷又收了声，只是急忙拍打其他同伙，用眼神示意他们情况不妙。正在分赃的水寇们往远处晃动的草丛一看，顿时一惊，以为官兵来缉捕他们，乌泱泱地全跑了，财货也撒了一地。

孙坚却不肯罢休，提着刀向一个水寇追去。好半晌，众人才看到孙坚一身血迹，他左手拎着一个人头，右手提着刀走回来，勇猛极了。

孙钟见状大惊失色，自家小子却走过来朝他笑道："阿爹，瞧，刚好可以拿去衙门换酒钱。"原来他并未伤到分毫，身上的血迹都是水寇溅到他身上的。

周围的船家纷纷称赞：“英雄果真武艺高强，有勇有谋！”

富春孙坚因此声名大噪，郡府知道后，特意召孙坚代理校尉一职。后来孙坚又因功被任命为盐渎（今江苏盐城区）县丞。数年后，又改任为盱眙（今属江苏省淮安市）县丞和下邳（今属江苏省徐州市）县丞，自此走上了开创东吴基业的道路。

东汉光和五年（182），时年二十七岁的孙坚正担任下邳县丞一职。不久，他的第二个孩子即将出生。那天，孙坚哪里还有十年前一人一刀宰水寇的镇定自若？他整个人紧张得一直在院子里来回踱步，还时不时探头看一眼屋内。

几声啼哭后，一名中年妇女抱着一个婴孩从屋内走出来，嘴里说着：“恭喜大人，是个小公子，母子平安。”

孙坚接过妇女怀中的婴孩一看——脸形方正，嘴巴大大的，眼睛锐利有神。他满心欢喜，对着怀中的孩子说：“我儿倒是长得有福气！便叫你‘阿权’吧！望你能谨权量，审法度。”

当时谁也没料到，这个名叫“阿权”的婴孩，在未来会掌管江东六郡，建立吴国。

孙权还有个哥哥，名策，字伯符，人称“江东小霸王”。据《三国志》记载，他“美姿颜，好笑语，性阔达听受，善于用人”。孙策也是实力超群，小小年纪就能领兵作战。

东汉建安元年（196），当时吴郡严白虎与会稽王朗聚众万余，盘踞一方，搅得当地民不聊生。时年二十一岁的孙策奉袁术之命率兵渡过浙江，占据会稽，清剿了严白虎与王朗的盘踞势力后，自己担任会稽太守。

四年后，孙策又夺取了豫章郡，稳坐江东地区，为孙吴立国奠定了基础。

随后，孙策准备北上去攻打曹操所占据的颍川郡许县，却没有付诸实行。当时，他查出吴郡太守许贡背叛了自己，并暗中给曹操送密信，立即下令斩杀许贡。却不承想让许贡的儿子和他家一门客逃跑了，这为他日后埋下了祸端。

一日，孙策独自外出打猎。许贡的儿子及门客得知这个消息后，二人便藏在江边，伺机而动。当孙策一人一骑来到江边，正瞄准一只鹿时，一支冷箭从草丛中射出，正好射中他的脸颊。

虽然后来孙策的侍卫及时赶来将这两名袭击者杀死，

孙权故里——龙门古镇风光

但遗憾的是，孙策最终还是因伤口感染，重病不治。

临终前，孙策请来张昭等大臣，当着他们的面将江东之地托付给更能“举贤任能”的弟弟孙权。他说：“举江东之众，决机于两陈之间。与天下争衡，卿不如我；举贤任能，各尽其心，以保江东，我不如卿。”[①]当夜，时年二十六岁的“小霸王”孙策不治身亡，属于孙权的时代开始了。

失去了庇佑自己多年的哥哥，哪怕江东大权在握，孙权依旧痛哭不止。

当时的长史兼辅政大臣张昭看见孙权如此伤心，便劝说孙权：“主公，现在可不是痛哭的时候。昔日伯禽服丧期间，尚且为时所迫，宁愿违背父亲定下的礼法，也要率兵讨伐徐戎。现在豺狼当道，江东四面楚歌，你难道就只顾着自己悲伤，而将江东子民放任不管吗？”

孙权听了张昭的劝谏，忍着悲痛脱下丧服，由张昭扶上马外出巡察军营，开始管理江东。此时，他接手的江东也是一团乱麻。庐江太守李术不服十九岁的孙权，直接公开反叛；孙氏家族内部庐陵太守孙辅更是走了许贡的老路——通敌曹操；值得信赖的丹阳太守孙翊和宗室重臣孙河又被杀害；他的身后还有孙暠这个时刻准备谋夺大权的暗刺；就连管辖范围内的豫章、会稽等地，也涌现出数万山匪正伺机作乱。

还好，孙策说得不错，孙权确实有能力管理江东。在张昭等大臣的帮助下，孙权发挥了自己的政治才能，将江东所有事务处理得井井有条。内政方面，他以张昭为师，招揽有才能的人，聘求名士，以鲁肃、诸葛瑾等人为宾客，笼络安定了江东各大士族的势力；军事方面，

①〔西晋〕陈寿：《三国志》。

他又以周瑜、程普、吕范等为将帅，统兵练兵，大力增强东吴的军事实力，镇压山贼叛乱。

慢慢地，孙权收服了众人，也稳定住江东局势。同时，他还被东汉朝廷册拜为讨虏将军，兼领会稽太守，驻守吴郡。

东汉建安十八年（213）正月，曹操出兵濡须口（今安徽含山县），攻打江东。

孙权命令周泰为平虏将军，对阵曹操。

当时，朱然和徐盛在周泰麾下。朱然曾与孙权是同学，两人自幼一同读书习武，感情深厚。他曾经在一个月内，只用两千人就平定当地的叛乱。而徐盛则曾以不到二百人的兵力大败黄射数千兵力。这两人都很有军事才能，所以他们对于在周泰麾下任职，十分不服气。

孙权听闻此事后，亲自前往濡须口，宴请诸将。宴上，众人觥筹交错，正尽兴时，主位上的孙权却拿起他的酒杯来到了周泰面前，命他脱衣服。

周泰不明白孙权此举意欲何为，沉默不语。席上众人也是面面相觑："主公怕是醉了吧？"

孙权却不理众人，再次用目光示意周泰脱衣。周泰见状，只得将上衣脱下，赤裸肩背。看到周泰裸露的上身，众人哗然：只见周泰身上遍布伤疤，所露上身没有一块好肉。

孙权两眼泛红，他指着周泰身上最深的十二处伤疤，说道："这十二道伤，是周泰为孤挨的。建安二年，袁术拉拢丹阳、宣城、泾、陵阳、始安、黟、歙等县山贼头目祖郎，作乱当地……”

刚说到这，孙权已经哽咽了，但他依然没停，继续道：“当时阿兄率兵平定了六县山贼。后来兵力不足，孤与阿兄率领不到千人守卫宣城（今属安徽）。兵临城下，出城应战时，这几刀本该砍在孤身上的，是周泰用自己的身体帮孤挡住了。”

随后，孙权又一一细数了周泰曾经受的伤和参与的战斗。

说着，孙权把着周泰的手臂说：“卿为孤兄弟战如熊虎，不惜躯命，被创数十，肤如刻画，孤亦何心不待卿以骨肉之恩，委卿以兵马之重乎！”[①]

听到此处，朱然、徐盛等汉子已经泪眼婆娑。

孙权趁机将自己的御盖赏赐给了周泰，诸将全都心悦诚服。

此事过后，在与曹操军队的对战中，孙权的军队始终精良齐整；另一边，远道而来的曹操军队却被围困在江上，由于消耗日渐增大，最终只能无功而返。孙权再一次守住了江东地区的安定，为江东地区的经济发展提供了稳定的环境。

孙吴开启鱼稻富饶之江南

东汉末年，中原大地，处处战火。城邑空虚，田园荒芜。

一日，淮南（淮河以南到长江沿岸地区）的山间小

①〔西晋〕陈寿：《三国志》。

道上，一支百十人的车马队伍，正向着大江以南的方向进发。一位老者缓下脚步，观察路况。他身边一名族人满怀背井离乡的忧愁，按捺不住向他倾吐：“族长，我们离了老家迁往江东，真能活吗？江东那吴楚之地，也不知能不能种麦？”

老者心中其实也怀揣着和族人同样的不安，可他是一族之长，他若泄气了，整个家族就散了。于是，他面带坚定地说：“老家战乱不断，继续待下去必定不能活！只要肯干，江东总有我们一口粮吃！”

这二人的对话只是北方人南渡的一个缩影，类似这样的对话，还发生在中原大地的各个角落。

汉末以前，经济发展较快的地区精耕细作，如土地富饶的关中平原一带。而当时长江中下游大部分地区，包括后来“富庶一方”的杭州，都还是地广人稀、火耕水耨。

《史记·货殖列传》就曾记载，汉以前，“楚越之地，地广人稀，饭稻羹鱼，或火耕而水耨，果隋蠃蛤，不待贾而足，地势饶食，无饥馑之患，以故呰窳偷生，无积聚而多贫。是故江淮以南，无冻饿之人，亦无千金之家。”不过这种局面在汉末时发生了巨大的改变。

东汉末年至三国初年，中原萧条，寇贼横暴。而此时江东却是沃野千里，战乱又少，所以大批北方人民南下躲避战乱，这给南方地区带来了北方的耕作方式和大量的劳动力。

东汉建安八年（203），江东孙权作为讨虏将军，兼领会稽太守，为了稳定江东，防患于未然，也为了妥善处置南下的北方人，他必须想出个办法来。此时，江东既要对抗曹操、刘表等势力，还得镇压山贼。若是打仗便需要大量军粮，粮从何来？再者，这么多难民，如果没有足够的粮食必定生乱。孙权手下的智囊团讨论了很久，最终他们决定大力推行屯田制度。

屯田分为了军屯和民屯。参与军屯的士兵称屯田卒，春天务农，秋天收稻，一旦有战事发生，他们就必须上阵杀敌。而民屯则是以百姓务农交租为主，不需要服兵役徭役。如此一来，既能恢复生产，解决军粮问题，又能使南下的北方人和俘虏的山贼依附于土地，稳定社会秩序。

浙江境内原本在海昌及上虞就有稳定的民屯，孙权要想大力推行屯田制，就得先把这两个地区治理好。现下海昌县已经连着好几年大旱了，于是，孙权将幕府中一个名叫“陆逊”的书生，派去出任海昌屯田都尉，希望陆逊能改变此地情况。陆逊了解海昌县的情况后，立刻打开了县内谷仓，取出存粮赈济贫民。随后，他又督促百姓种田养蚕，才使灾情缓和不少，百姓归心。

突然有一天，新任会稽太守淳于式递给孙权一份奏表，其中检举陆逊非法掠夺百姓，骚扰当地。

陆逊在海昌县的治理成果，孙权可是有目共睹。这会儿居然有人检举他是个掠夺百姓的人，这让孙权很为难。

碰巧这天陆逊来跟孙权汇报工作。他递了一份奏表，恳请孙权准许他招募吴郡、会稽、丹阳等地为逃避赋税而藏匿起来的百姓为兵，一来可以彰显孙权的仁德，二来这些人的生活得到了保障，社会自然也会少一些隐患。

说着说着，陆逊还夸起了淳于式，说他是个好官。孙权听到陆逊的夸赞，不由得笑了，他将淳于式的奏表递给陆逊。

见陆逊看完奏表，孙权问他："如此，你还觉得淳于式是好官吗？"

"他是。"陆逊肯定地回答。

"哦？他告你的状，你还觉得他是好官？"

"淳于式想要百姓能得到休养，因此才状告我。江东的形式如今也的确需要这样。如此，淳于式自然是个好官。"

孙权听完陆逊所言，笑道："甚好，孤自当尽力。"

东吴黄武五年（226）春，陆逊以所在少谷为由，上表请令诸将增广农田、拓开屯田。孙权同意了陆逊的提议，此后吴国的屯田规模大增。

孙权还亲自耕田，鼓励将吏屯垦。又因牛耕更利于耕作，孙权还将自己驾车的牛改作耕牛。

他下令说："战乱已久，百姓流离失所，孤心里很难过。现在北方没有挑起战火，正是安定的时候。江东州郡就好好休养，赋税下调吧！"

东吴嘉禾三年（234）春，已经是吴国帝王的孙权下诏令民休养："兵久不辍，民困于役，岁或不登。其宽诸逋，勿复督课。"[①]

①〔西晋〕陈寿：《三国志》。

东吴赤乌三年（240）春，正值正月，孙权又下诏令与民生息，不令扰民。他说："君非民不立，民非谷不生。这些年来，征役很多，连年的洪涝旱灾导致百姓收成不好。如果还有贪官污吏侵夺民田，饥荒就会顺势而来。所以，此后各地都督郡守都要严查，一旦发现在农时让百姓服役，打扰百姓种田的人，严惩不贷。"

此后，屯田点逐渐在吴国管辖地区分布开来。

屯田不仅解决了吴国的军粮问题，巩固和发展了吴国政权，还为江南地区的初步开发打下了良好的基础。

孙权还在屯田地区修筑相应的灌溉水利。他令人修筑圩田水利，兴建灌溉工程，开拓江南水网，这些举措都大大便利了当地人的灌溉和运输。

陆逊在海昌屯田期间，就曾在距离郡城百里的地方修筑了金山咸海塘，以此防止海水冲刷民田。海塘自海盐（今浙江嘉兴海盐县）、平湖（今浙江嘉兴平湖市）两县之境，延袤百七十里。

除此之外，校尉陈勋在太湖主持屯务时，孙权还命陈勋率领屯田卒及服役百姓约三万人，贯通了秦淮河与大运河。这样一来，就连接起了建业（今南京）与吴会地区（苏州、浙江）。

吴国的这些工程，奠定了南方水利和农业发展的基础，方便了百姓，也避免了水涝灾害。

军粮的问题解决了，还需要解决兵器的供应。当时江南会稽、丹阳、豫章等郡都盛产铜铁，自然就担负起了武器的生产。这在一定程度上拉动了当地制造业的发展。

此外，在孙权的治理下，江南地区的煮盐、纺织等手工业有了很大的发展。吴国还在海盐等地设有司盐校尉，管理盐的产销。海盐一带“铸山为铜，煮海为盐”，因而境内逐渐富裕起来。

孙权统治东吴约半个世纪。这期间，他设置农官，实行屯田，促进了江南土地的开发；兴修水利，开拓江南水网，为江南水乡的成型奠定了基础。他的一系列举措，都为江南经济的发展做出了很大的贡献。可以说，是孙权开启了鱼稻富饶的江南。

孙吴水军及南海丝绸之路

东吴黄武五年（226），有大秦（即罗马帝国）商人秦论来到交趾（今广东省至越南北部）。交趾太守吴邈将他送去武昌见孙权。孙权见到秦论，向他询问大秦的风物民俗，秦论详细地为孙权一一解答。

后来诸葛恪攻打丹阳，俘虏了一些肤色黧黑、身材矮小的山越野人。秦论见到这些矮人后说：“我在大秦没有见过这样的人。”

于是，孙权便差使会稽太守给秦论送了二十个矮人，让秦论带回国去。

就这样，东西方开始了直接往来。

三年后，继曹丕、刘备相继称帝后，百官都劝孙权称帝。这一年，孙权在武昌南郊即皇帝位，三国鼎立局面正式形成。秋天九月时，迁都建业。

次年，为谋求人口，更好地与蜀汉、曹魏抗衡，孙权想要派遣甲士出海寻找亶州（今日本）。孙权瞄准了亶州的这些人口。

据说，秦始皇曾派遣方士徐福带领数千名童男童女入海，这些人全都留在了亶州。如今亶州世代相传，已有数万人家。

孙权把他的想法跟陆逊说了，想听听陆逊的意见。

陆逊给孙权上了一封奏疏，里边说：现在江东不太平，虽然主公你担心人口，想要派人到海外补充人口，这心是好的，但是我反复思考过你这做法，觉得不太管用。到海外找人，不仅距离太远、风险太大、耗时耗力，而且还有诸多不确定因素，这样做不划算。况且，我相信只要你好好治理江东，江东人口就会越来越多，实在不行还可以用牛马。总之，出海这件事不可行。

即便陆逊这么说了，但孙权却不听，一心只想着亶州那点人口。没过多久，他便派遣将军卫温、诸葛直率领甲士万余人出海了。

但是海上的风险哪里是孙权能预料到的呢？亶州实在太远，卫温和诸葛直在海上漂了大半年都没有找到，路上遇见风暴还损失了许多甲士。后来，在一次机缘下，他们才终于找到夷州，从夷州带了数千人返航。

等到卫温、诸葛直回到江东时，孙权看着那数千夷州人，再算算航海损失的甲士，气得说不出话。果真如陆逊所言，得不偿失！于是孙权以“违诏无功”的罪名把卫温、诸葛直下狱诛杀。

虽说这次出海得不偿失，但孙权能够派人出海，证明当时孙吴海上交通已经较为发达。

孙吴傍海多河，据大江之险，多与曹魏、蜀汉在大江上作战，对船只有着极大需求。

东吴赤乌二年（239），孙权派人修建横屿船屯，并设典传都尉，管理船厂。横屿船屯位于会稽郡飞云江江口南岸的横屿山麓。之所以在横屿设置船屯，一是由于横屿乃天然良港，号称“可泊万船”。二是因为横屿一带盛产豫樟，豫樟坚硬耐腐，是建造船舶的主要原料。

横屿船屯所造舰船，主要是军舰，其次为商船。这些船数量多，船体大，龙骨结构质量高。最大的战舰能

泛龙舟魏主伐吴（出自清刊本《三国志》）

载重五百石（约合三万公斤），可容三千士兵。即使是一般商船都能载马八十匹。

东吴赤乌二年（239）春三月，孙权派遣使者羊衜、郑胄、将军孙怡通过海路到达辽东，击败了魏守将张持、高虑等，俘虏了众多人口。后又派将军贺达、孙怡、聂友等分别率兵航海，北至辽东，南达珠崖、儋耳（今海南岛）等地；继遣朱应、康泰出使海南诸国，开拓南疆。后来，扶南、林邑、堂明等国派使者来吴纳贡，他们和东吴建立起了友好的关系，交往频繁。

这些都得益于孙吴发达的造船业。造船业的发达对孙吴海上经济的发展也起到了推动作用。

而海上经济的繁荣，又得益于一场战役，那就是濡须坞一战。

东汉建安十六年（211），孙权将治所迁到了秣陵（今江苏南京）。第二年在秣陵建了石头城，将秣陵改名为建业。

建业城中，秦淮河水划城而过。河边杨柳依依，河面上浮着几只大船。孙权坐在秦淮河边的酒楼上，看着奔流的秦淮河水，嘴里反复小声念叨着："建业、牛渚（采石矶）、濡须、巢湖……"

濡须（现安徽省无为县城北边）是巢湖的出水口，濡须的位置太重要了。自濡须水口进入大江，经过牛渚，就能逼近建业。

孙权明白，虽东汉建安十三年（208）赤壁一战，曹军大败，但曹操是不可能放弃伐吴的。曹操若要渡江伐吴，必定要从巢湖出发，由濡须水口，进入大江。若濡须口不保，曹军随时可以打到建业城。

刚想到此处，一名亲兵便匆匆来报："主公，曹操将率领四十万步兵出兵濡须口！"

听到这消息，孙权坐不住了。他起身就往治所走，一边走一边吩咐身边的亲兵："升帐，召诸将议事。"

军帐之中，诸将都已就位。孙权坐在首位，神情严肃："曹操将率领四十万步兵出兵濡须口，我打算在濡须口建城立关，来抵御敌军，诸君以为如何？"

听了孙权的话，吕蒙看着地图思考了一会儿，指着地图上濡须水口的位置，说："曹操兵来，可于濡须水口筑墙以拒之。"

吕蒙说完以后，军帐内顿时鸦雀无声，显然诸将都不认同在濡须口建墙，他们觉得没有这个必要。这时，其中一人站出来说："士兵要不然上岸，要不然上船，修墙有什么用？"

吕蒙拧眉，回道："兵器有锋锐之时，也有驽钝之时。再说战争哪有次次都胜利的？如果两军相遇，曹军以步骑逼迫，将士来不及到水里，更来不及上船，那该如何？"

诸将无言以对，孙权拍案叫好。

于是，孙权令人在濡须山上筑城立东关，在七宝山上建西关，两关相对，其中建有石梁，凿石通水。七宝山和濡须山之间不仅水流湍急，而且地形陡峭。这里拉船的船夫常常没有立足之地，只能依靠七宝山的巨石。

而现在孙权又在此地建造了一个濡须坞，它的形状就像一个新月，从头到尾都被大石头包围着。因此，曹操想要进攻就需要将这块岩石推倒，否则一次只能有一个人通过。如此，孙权便做好了防御曹操南攻的准备。

东汉建安十八年（213）正月，曹操率领大军南下而至濡须，孙权亲自率七万主力进驻到了濡须，两军在濡须前对峙。碍于濡须坞的严密防守，两军相持一个多月后，曹操北撤。

濡须坞防线有力地保障了江东的平安，使其免遭战火洗劫。

这之后，东吴的海上经济开始逐渐兴起，与其他各国的往来更使东吴国富民强。

江南原本就物产丰富，出产棻、梓、姜、桂、金、锡、丹砂、犀、玳瑁、珠玑、齿、革等。而孙吴之地的丝织业也很发达，其中诸暨、永安一带的丝质是最好的，越布也十分精致。同时，浙江一带盛产青瓷。

便利的交通，让丰富的物产得以出现在东西方交流之列，这又反过来促进了航海业的发展，使孙吴形成了南海丝绸之路，也才有了后来海陆之饶的吴郡余杭。

币制改革是振兴孙吴的刚需

自东吴黄龙元年（229），孙权在武昌（今湖北省鄂州市）称帝后，魏、蜀、吴三国鼎立之势正式形成。江南之地经孙氏家族的勠力发展，如今已呈现一片欣欣向荣之势。这里的百姓昼起而作，日落而息，生活得十分滋润。

孙权见自己治下的国土有这般繁荣景象，自然是乐不可支。从前那片火耕水耨的蛮荒之地如今成了闻名三国的富甲之地，怎能不使孙权感到开怀？可是，他很快就遇到了治理国家的新难题。

诚然，百姓们的日子非常幸福，盆满钵满，但是吴国的国库却不大充裕。近年来为了不被他国欺凌吞并，保持吴国领土的独立性，吴国边地的军防时刻处于一级戒备状态中——他们不仅需要防备占有中原之地的魏国，还要警惕控制西南诸地的蜀国。这可不是一天两天的小事，它是长达数年的官方军事工程。时间一长，吴国的国库渐渐支撑不住了，此事令孙权陷入焦灼。

这绝不是开玩笑的，国库空虚导致的军费不足，让吴国无法更新军营里各种军事装置，也无法保证高质量武器的批量生产……长此以往，如何保证得了吴国的安全？更不用说去实现孙权心中进一步扩大吴国版图的雄心壮志了！

因此，孙权日日茶饭无心，冥思苦想，渴望找到一个万全之策来解这燃眉之急。这时，一个名为谢宏的官员为孙权提出了一个极具可行性的计策——广铸大钱，云以广货。谢宏建议孙权以官府的名义铸造一些大面值的钱币，流通于市场，用于筹集民间财富充作军费，解决刚需问题。

孙权觉得此计甚好。于是，便在东吴嘉禾五年（236）春，下令铸造新币——大钱，并规定一枚大钱可抵汉朝时的五铢钱五百枚。

其实，谢宏此计并非先例。近些年来，早有其他人出于或公或私的原因，先后进行过几次币制改革。

东汉初平二年（191）时，董卓率大军进入长安（今陕西西安），随即开始了他在长安的统治。此人大抵并无治世之能，进入长安后不仅杀害许多忠直大臣，还追求各种华丽的排场。为满足自己奢侈的生活习惯，董卓在长安城大肆搜刮财富珍宝。发展到后来，他居然尽收长安城内的五铢钱和各式铜器，并命工匠将这些铜器铜钱融化，铸成“小钱”。

小钱质量远不如五铢钱，不但又小又薄，而且钱币上的文字与面值都无法辨认。这些缺点倒是次要的，最重要的是市场上流通的小钱数量过多，导致京城地区物价飞涨。许多百姓连基本的果腹之物都无法购买，京畿地区再不如从前的繁荣昌盛！

因此，这次币制改革不但没有实现董卓永存财富的梦想，还进一步加剧了董氏集团的灭亡。

后来，曹操于东汉建安十三年（208）拜相后，也进行了币制改革。一方面为了保障他军事后方粮草等资源的周转，另一方面也是为了顺应中原地区经济的发展，他废除了董卓的小钱，重新恢复了汉朝的五铢钱。

曹操的想法确实不错，可是他却忽略了中原地区的实际情况。

那时，战事几乎从未间断，战争给百姓们带来过于沉重的负担。整个社会的财富经多年的战乱早已消耗殆尽，又如何能有多余的货币在市场上流通呢？再则，百姓们平日远离政治，却与钱币朝夕相处，经过董卓的“小钱”事件，导致他们对钱币都失去了信心。曹操的五铢旧制根本无法推行开来！

吴主孙权（出自《历代帝王图》）

尽管如此，曹氏政权的继承人们并没有放弃对民生的持续关注。

经曹丕一代的谷帛为币，新一轮币制改革的时机出现了。魏明帝曹叡于魏黄初七年（226）又重新恢复了五铢钱制，魏国领土下的国民经济渐渐焕发活力。

因此，孙权在积极地汲取他人的经验和教训之后，抓紧时机在自己的国土内实行币制改革。起初只是以一抵五百，后来许是初期效果较好，他很快又大量发行了新的大额钱币，一枚大钱抵一千枚五铢钱。

殊不知，民间已经有了不少怨言。新币面值过高不说，还大量流通于市场，百姓们真正握在手中的早已不是财富，而是赤裸裸的贫困证明。可是，孙权自认为这项政策是为了吴国的进一步发展。只是他虽然目光长远，但是却忽略了来自民间的声音。

后来，民怨沸腾，孙权这时才终于意识到，要保证吴国的长治久安，首先应当满足的就是百姓的需求，于是他在东吴赤乌九年（246）废止了大钱。

孙权的本意是为吴国的长远发展着想，可他在施行新币制度的过程中忽略了民为国之根本的大道，做出了一些错误的决策，好在最终及时止损。

孙吴政权占据江南，他们推行的各项政策促使江南诸地由从前的不毛之地发展为驰名三国的富庶之地，古杭州也在其中。虽然其间也走过不少弯路，但于现在的杭州而言，富春孙氏依然功不可没。

第五章

隋文帝废郡建州是一盘大棋

正要为胜利小酌一杯却被急报打断

隋开皇二年（582），隋文帝杨坚以长安城“凋残日久”为由，在城东南龙首山建造了一座新城，名叫大兴城。

大兴城建立时间不长，却也是杨坚钦定的国都。这位帝王曾经是北周权臣，后来受禅登基才创立了隋朝。魏晋以来，各地政权割据，纷纷自立为王。在这种乱世中，纵使有人想要做那统一六国的秦始皇，实力也远远不足。

杨坚是个例外，他一手建立的隋朝已经成长为中原雄狮，只差拿下南陈就可将分裂百年的南北收归囊中，成为天下共主。

隋开皇八年（588），杨坚手下的文士开始铺垫南陈的错处。他们列举了南陈国主陈叔宝的二十条罪行，在得到杨坚的官方认可后，又写在纸上告知天下人。

这些罪名一经散播，先不论江南百姓的反应，大兴城就已炸开了锅。随着隋朝一步步壮大，众人都知隋陈将有一战，只是不知这场战争何时开始。而这些写着陈叔宝罪行的纸张就是隋陈开战的导火索。

果然，隋开皇九年（589）正月初一，早已在长江沿岸部署好兵力的隋军，趁南陈欢度元会之际，横渡长江发起进攻。只用了短短三天，隋军将领贺若弼和韩擒虎就袭占了采石。另一边，晋王杨广也掌控了桃叶山（今江苏南京六合区南）。

初四，等南陈觉察隋朝攻势时为时已晚，无论怎么部署防御，他们都难逃败局。

最终，隋军只用了二十二天就攻进了南陈都城——建康（今江苏南京）。

几天后的大兴城内，拥挤的闹市人声鼎沸，似乎只要再来一辆马车就有堵塞半日的风险。突然，城门那头响起了嘈杂的人声，似乎为了避开什么疾驰的东西，女子惊叫连连，拥挤的人群竟然生生让出一条窄道来。

仅是眨眼工夫，那引起喧哗的源头已经从城门跑到了闹市。那人身着铠甲，一手紧握缰绳，眼睛始终看向远处的皇宫。有人看见他背上的包裹，判定他是名送军报的差人。

皇宫议事正殿中，杨坚正襟危坐，两侧的皇族、宰相与柱国也坐在位置上，其他大臣则站在一旁。大家都沉默着，等待最新的军报。传递军情的差人早入了皇城，只是进入宫门免不了搜查，又要下马穿过道道宫巷，自然来得晚。

正惦记着，这名差人已经携着军报低头走进大殿。他快步走到殿中，单膝跪下，大声禀报：“陛下，大军

隋文帝杨坚（出自《历代帝王图》）

已攻破建康，陈后主手书招降了尚在反抗的陈将。南陈将领周罗睺、陈慧纪均已受降……”

南陈灭亡，当务之急是如何治理它的原辖区。

南北分治已久，无论是生活习俗、生产方式还是文化制度都差异巨大，隋朝只依靠军事胜利还不足以完全将江南陈国收入囊中。强行将两个国家统一起来，必然会产生很多矛盾与冲突。他们需要制订周密的计划，谨慎行事。

然而，隋军屡屡战况告捷，这让隋文帝把改造江南的事想得过于简单。他以为恩威并施就可将江南尽数掌握手中：恩，是保全南陈君臣性命，将他们悉数迁到大兴城，好生对待；威，便是将南陈氏族全部迁入京师，从根本上断绝他们与当地的联系，避免他们留在江南利用人脉时时作乱。

于是，这年正月二十九日，杨坚就派遣使者巡抚陈国各个州郡，示以怀柔政策。至于如何更新陈国原辖区的政治、经济、文化，他另有一番打算。

那日，关于如何改革陈国旧制，尚书右仆射苏威在殿上奏请“五百家设置一名乡正治理民政”，他认为五百家是衡量乡正最合适的数字。

然而，曾参与策划平陈方略的李德林却不这么认为。朝堂之上，李德林刚听完苏威的建议，就站出来反驳他：“当初设有乡官判事一职，结果却常常因邻里都是亲戚旧识，而导致剖析断案不够公平，所以就废止了这一职务。现在让一名乡正治理五百家，恐怕会比当初的乡官判事危害更大。况且，有的荒僻小县远远不足五百家，难道要一名乡正管理两个县吗？”

李德林所说不无道理，但对于江南的治理，杨坚还是采纳了苏威的提议。不久，诏书就随着巡抚使者下达到原来陈国的各个州郡：五百家为一乡，每乡设一名乡正；百里为一里，设一名里长。

早在六年前，隋朝就在北方辖区实行了废郡的地方行政制度改革。江南的陈国与隋朝不同，一直保持着州郡的行政制度。现在，陈国已灭，它原辖区的行政体系自然也要与北方保持一致。

一辆辆马车相接，徐徐驶入大兴城，里面坐着的都是南陈的皇族与权臣。皇族与权臣入隋后，隋朝就急需派遣使者代表杨坚对各个州郡进行安抚。房彦谦就是巡抚使者的最佳人选，他任职监察御史，职责是“分察百僚，巡按郡县，纠视刑狱，肃整朝仪”，有点儿像今天的纪律检查干部，还兼具司法监督和整治朝廷风气的责任。官品虽然不高，权力却不小。由他代表杨坚南巡，地方官员绝不敢隐瞒。

负责地方制度改革重任的是左领军长史长孙炽，他拿着旄节，与房彦谦一道巡遍东南三十六州，废除郡制，设立新州。

之所以要废郡置州，全是因为南北朝以来实行的行政区划存在不小的弊端。有些郡作为中级行政区划，发展到隋初时，管辖范围已经不容小觑。而县的数量很多，范围又小，就渐渐出现“地无百里，数县并置”“户不满千，二郡分领”的混乱现象。

再者，郡发展扩大也易形成地方势力。隋文帝就是走这条路登上皇位的，他可不愿意后人效仿。所以废郡置州是最好的处置方法，将大郡拆分为小州，合理分配数县，既可以防止旧事重演，也便于控制和管理。

长孙炽和房彦谦领旨改革。他们按照杨坚的旨意，将陈国都城建康推倒毁去，把宫室变作农田，将石头城设为蒋州；废除吴兴郡，将北部划入新设立的苏州，即原来的吴郡；废除余杭郡，设立杭州，将原吴兴郡南部划入杭州的管辖范围，同时下辖钱唐、余杭、於潜、富阳四县，这是杭州这一地名首次出现在历史上。他们还将吴郡的治所迁出吴县，搬到了距离州城西南十五里的横山东麓。

原来的江南大郡，一郡被废置，另两郡的治所被转移，显然是为了防范江南地方势力。州郡重置，相关管理人员的分派也要由中央做主。

江南地区的官员几乎全部被撤换，原陈朝的上层官员不是被押往北方就是被废黜在家，他们的官职都被隋朝的官员取代。韩洪、郭衍先后担任了蒋州刺史，皇甫绩和刘权任苏州刺史，马敬和刘景安任杭州刺史。有意思的是，这些官员不仅是隋朝官员，还无一例外全是北方人。

杨坚治国倡导孝治，以身作则宣传“父义、母慈、兄友、弟恭、子孝”五教要义。苏威懂得取悦君王，他将这些纲常伦理具体化，编写成诗句，要求江南百姓无论长幼都要学习背诵，地方官还要每年进行检查处罚。

这些政策颁布后，江南一直都很平静。杨坚听了巡抚使者的奏报，以为自己对南方的统治已经达到极致。

他回到后宫，招来主事太监，吩咐预备酒席，准备为胜利小酌一杯时，却被江南叛乱的急报打断。

一座没有战乱却要重建的城市

杨坚那口庆功酒还没来得及入口，江南各地的军情急报已经送到眼前。他放下酒杯，从内侍手中接过几份摊开的折子，迅速浏览了一遍。

当初他颁布一系列改革政策时，江南并未陷入恐慌，反而因为陈后主腐败而乐意隋朝接管江南。然而，杨坚的手段太过强硬，江南氏族与普通百姓都不胜其扰。

杨素像

隋开皇十年（590）年底，表面平静的江南其实已经暗潮汹涌。街头巷尾的百姓们相互打探——听说隋朝要将他们全部迁往北方。有了南陈皇族的前车之鉴，他们会有此怀疑也是理所应当。坏就坏在这种谣言越传越广，导致原本就不满意隋朝统治的部分武装分子趁机发动叛乱。

婺州（今浙江金华）的汪文进自称天子，封赏了一系列官员；越州（今浙江绍兴）的高智慧与苏州的沈玄懀也先后举起反旗，自立为王；乐安蔡道人、蒋山李凌、饶州吴世华、温州沈孝彻、泉州王国庆、杭州杨宝英、交州李春等虽自称大都督，却也反抗隋朝政令。

这些人少则数千，多则上万，集聚多地。他们攻陷州县，抓住县令泄愤，有的人被抽出肠子，有的人甚至被剜肉分食。在做这些事时，他们说："更能使侬诵《五教》！"可见，苏威推行杨坚五教要义的结果适得其反。

看着眼前的奏报，杨坚并没有动怒，而是仔细回想了一番灭陈之后自己的所作所为。人一冷静下来，曾经被忽略的部分就会在记忆中清晰地展现出来。隋朝的军队一路势如破竹灭了陈国，杨坚难免受到军事胜利的左右而沾沾自喜，所以他轻率地做出了那些强硬的改革决定。那时，在他心中，弱者没有开口谈条件的机会，只能听从强者的安排。

他有所反省，或许他对江南的治理过于严苛，带有太强的军事政治意义，应该改换更温柔一些的政策。当然，这些得在之后的治理中体现出来，当务之急仍然是平定江南叛乱。

如此大规模的反叛是杨坚始料未及的，他急需一位铁血手腕的将领南下平乱。他在脑中将曾经参与攻打陈国的将领都过了一遍，又仔细分析利弊，最终将杨素定为平乱首选。

杨素是隋朝最具谋略也最为冷酷的军事家，杨坚派遣他去平乱的同时，还为他配备了崔弘度、史万岁、来护儿等骁勇善战的猛将。杨坚此举就是要让杨素知道自己对江南乱事的高度重视，希望他能以迅雷不及掩耳的速度扑灭反抗势力，不至于让这场反叛活动蔓延成隋朝的灾难。

杨素接到命令后，便立即率领水军出杨子津，克京口，破晋陵，发动了强大的攻势。几场战事都进行得比较顺利，在杨素的带领下，隋军击溃了大股叛军的抵抗，轻松扭转了浙西地区的局势。

很快，杨素的大军已经推进到钱塘江沿岸，展开与高智慧的斗智斗勇。

不过浙东的平叛行动远没有浙西容易，高智慧常年盘踞在越州，其势力早已根深蒂固。为了荡平越州贼寇，杨素好几日前就在帐中与军士商议，筹谋如何才能拿下高智慧，同时又能将损失降到最低。

经过商议后，他将眼光放到了杭州。

隋开皇十年（590），杨素命人找来工匠，丈量土地，有大兴土木之意。他召集修筑房屋的能人，商定好这一建筑的大小便着手准备建筑材料。这项工程没费多少时日，因为杨素的初衷并不是要建立一个生活气息浓厚的居民城，而是一座用于驻军和贮存后勤物资的军事壁垒。

早在隋开皇九年（589），杨坚就曾设置杭州，将州治初设于余杭，第二年又将州治从余杭移到“钱唐城”（即吴山东麓的新城戍，为兵营驻地）。

杨素此时又移州于柳浦西凤凰山麓。将这座新杭州城建在凤凰山脚下，周长三十六里九十步，城东是盐桥河（今中河），西面则是西湖，南边可直通凤凰山，北面则抵着钱唐门。胥山在杭州城外，西面将金地山与万松岭包含其中。

新筑杭州城规模不小，共有四个城门：一个是钱唐门，直到清代仍然存在；还有盐桥门和炭桥新门，这两个城门都在盐桥大河西面，一直到五代吴越时还有记录；南城门被称为凤凰门，想必是因凤凰山而得名。

新杭州城就建在柳浦西，说来也巧，柳浦恰好是钱塘江上的一个很关键的港口。六朝时期，一般只要钱江两岸有什么军事行动，都会选择先控制柳浦，掌握两浙间的水陆交通。

据《宋书·孔觊传》记载，孔觊曾经占据会稽，派遣孔璪、王昙生屯兵吴兴南亭。不料这支队伍被敌人吴喜的军队打败，就连孔璪与王昙生也只能逃奔到江东。吴喜为了斩草除根，就利用柳浦渡前往西陵追捕他们。南齐唐寓之叛乱时也是顺江而下，在柳浦登岸。因此，在进行军事行动前控制最重要的交通据点是杨素这类军事达人的默认之举。

钱塘江两岸商旅往来无数，大多会经过柳浦过江。将杭州城建在柳浦，就可以连通两浙。沿着钱塘江进入长江，一路向上就可以通到皖南、江西；顺着长江往下，又可以入海，这是成为通商口岸的必备要素。可以说，柳浦几乎为杭州城日后的发展奠定了基础。

将新杭州城选在这里，杨素的考虑可不止这些。

早在汉代时，钱唐就是军事要地。西汉时期，钱唐是会稽郡的西部都尉驻地，等到汉末，孙吴政权也在此处设下吴郡都尉。杨素内心明白：此次平定叛乱只是一时，后续还需许多政策环环相扣才能稳住人心。高智慧敢在越州称王，其中一个原因便是浙东一带有着绝佳的军事防御与进攻能力。在此地修筑新城，既是因其背靠群山而面临钱塘江的地理优势，也是为了日后经营杭州提供便利。毕竟，杭州处于浙东与浙西之间，如要经营浙江，必须对杭州投入关注。

杭州城的修筑成功为杨素进攻高智慧提供了不小的便利，他们利用柳浦渡口输送粮食，将杭州城作为军营驻地收纳士兵，养精蓄锐。

等到摸清了高智慧的步兵策略，杨素果断出击，在第一次作战中就击败了高智慧的先锋，直冲后方。一番激战后却并未将高智慧的部下全部消灭，反而让他带着一小股残余势力逃到了海上。

后来杨素又击破了温州的沈孝彻，转向天台和临海，大大小小经历了百余战，不曾败北。战场转向南方，杨素的下一个目标就是泉州的王国庆。

他利用王国庆的轻敌心理，从海上乘船突至泉州，打得王国庆措手不及。值此关键时刻，杨素听说高智慧逃走后投奔了王国庆，顿时计上心来。他立即修书一封，派人秘密送到王国庆手中，称只要他将高智慧的头颅斩下，就可以自赎罪孽。

结果，王国庆的反应不出杨素所料，他为了活命，让左右捉了高智慧，在泉州将他斩首。高智慧一死，泉州与越州的反叛余党也已清理完毕，江南重新回归了宁静。

杭州的发展建立在隋文帝的反思上

杨素还朝，也带回来一系列好消息——江南重新稳定下来了。看见那些造反官员的下场，江南地区本来蠢蠢欲动的反抗势力陷入沉寂。杨坚心中的大石终于落下，但他知道只依靠军事力量并非长久良策，要想彻底获得国泰民安，应该赶紧想想如何革除原来的制度之弊，制定更适合江南的政策。

早先杨素还在江南奋战时，杨坚就已经着手准备此事了。

他命并州总管晋王杨广率领军队增援江南，并封他为扬州总管，让秦王顶了他并州总管一职，这一决定可谓具有战略性意义。

想当初，陈国战败，隋朝将江南的所有高层官员都替换成北方官员。新上任的北方官员对江南情况不了解，而江南百姓也与他们隔阂颇多，自然就会被有心人钻了空子，煽动他们反抗隋朝统治。当时，江南的总人口约六十万户，大大小小的反抗活动一统计就有三十余万人参与其中。事实上，直到杨素回京复命前，这些大大小小的反抗仍然此起彼伏。

而晋王杨广与那些派到江南的北方官员不同，他曾经是平陈统帅，江南百姓受陈国鱼肉多年，杨广对于江南百姓而言，好比一个救他们于水火的英雄。再者，晋王杨广娶了萧梁公主为妃，与江南关系密切，当然不同于素未谋面又手生的普通北方官员。

杨广接到任命就已知晓其中利害，他明白父皇已经对高压的江南政策有所反思，决定进行战略性调整，采取更温和的治理政策。所以，他到达江都（今属江苏扬州）后，选择双管齐下。

一方面，他命令行军总管郭衍率领精锐部队屯扎在京口，与叛军交战，战胜后没有选择鸣金收兵而是乘胜追击，尽力荡平贼寇。另一方面，他坐镇江南，招安纳降，施以怀柔。

杨素回京复命后，江南大局已全权交到了杨广手中，这意味着军事镇压将告一段落，安抚环节占了上风。

这时杨坚已经意识到强硬政策所带来的坏处，也认识到南北社会存在的巨大差异。他开始承认江南社会的特点，尽量在维护国家统一的前提下，做出适当的让步。他甚至授意杨广，允许江南地区在一定程度上保持原有的生产生活方式。为了贯彻怀柔政策，让江南地区的百姓看到他的诚意，他还加大了对中央派去江南地方官员不法行为的约束与制裁。

从隋陈之战开始，杭州得名。又经历一番战乱与几度搬迁，一座新城出现在杭州，逐渐发展为日后繁华的杭州城。可以说，当杨坚开始以怀柔政策对待江南时，杭州的机遇就来了。这时，它已经步入了正常的发展轨道，不出几年，必然成为江南一大都会。

第六章

隋炀帝造福后世的旅游线路

迁都洛阳意欲加强对江南的控制

登基也得挑个好日子，所以礼部前脚安排完杨坚的丧事，后脚就差人没日没夜地在屋里翻黄历。每一个吉日都要和其他数据进行对比，这可不是一件轻松的事儿。折腾了几天，最终才选定了一个登基吉日呈报上去。

春日正好，大兴城仿佛也刚从冷冽的寒冬中回过劲来，河边的春柳抽出的新枝在风中招摇，城墙上落地生根的野草也冒出嫩芽来，整个都城都被新的生机笼罩着。

新帝的继位大典就在这样一片春光中进行着，他头戴缀有十二根旒的旒冕，身穿有日、月、星辰三种纹样的冕服，日、月分列两肩，星辰则位于后背，意为“肩挑日月，背负星辰”。

隋炀帝杨广继位，大赦天下，大兴城实打实地热闹了好几天。

当初隋朝初建，都城本来定在汉长安城，但当时的长安城污染严重，已经不适宜作为一国之都，杨坚才决定另修城池。

那是在隋开皇二年（582），仅用了九个月的时间，新城总设计师宇文恺手中的图纸就已经变为现实。第二年，修葺一新的新都城迎来了隋朝的第一位皇帝。因为杨坚早年曾被封为大兴公，这座新都城也就被叫作大兴城。

经历二十年的发展，大兴城已经吸足了城中的烟火气。曾经空旷的土地布满店铺，街上车水马龙，行商们将大江南北的珍稀宝贝都带入这座城市交换售卖。按理说，大兴城远比其他城市繁荣，又有政治根基，即便新帝继位，也是都城的不二选择。

可杨广却不这么想。

传言他登基后不久，有一名叫章仇太翼的术士向他进言，说："陛下，您命中属木，而大兴城正处于破木之冲，不宜久居。且谶语有言：'重建洛阳，恢复晋朝天下。'"杨广是否听信了这名术士的话还有待考证，但他确实动了迁都洛阳的念头。大兴城固然繁荣，却深处大西北，而且往东的道路并不通畅。都城东面是渭水，河道弯曲，泥沙汇聚，漕运非常困难，若是遇到降雨涨水，又是一场无法抵御的天灾。

洛阳则不同，它位于整个国家的中心地带，素有"控以三河，固以四塞，水陆通"的地理优势。为了亲眼看看洛阳的地势，杨广还带领朝臣亲往洛阳，登上邙山（今河南洛阳北）。

当时一群人一鼓作气攀到最高峰，群臣都十分疲惫。杨广稍作休息后，便举步走到山崖边眺望远方。向南望去，

隋炀帝杨广（出自《历代帝王图》）

目光所到之处皆无阻挡，自南向北极度开阔。东西向除邙山以外，都是平坦的地势，少有低洼与山地。四周群山怀抱，恍若一幅天然屏障。并且，洛阳范围内四条河道纵横交错，秀水映青山，景色宜居，也利运输。

众所周知，杨坚在位时，虽然疆域实现大一统，但北方与南方偶有龃龉，貌合神离。杨广长在杨坚身旁，时时听他担忧南方乱事，自己又亲历了开皇十年江南的治理工作，深知收复南方不易。

南北分裂近三百年，一时收复并不能将横亘其中的差异抹除。当初江南叛乱，文帝派遣杨素用强硬的武力手段镇压，派遣自己施以怀柔。可即便是这种软硬兼施的方法，也没有消除江南地区部分百姓对隋朝的敌意。

杨广看着眼前便利的水运路线，其实心中另有一番考量。长安地处西北，一旦山东或江南地区发生叛乱，中央将来不及做出迅速反应，叛乱很可能就在这段时间变成定局。想要加强都城与四方疆域的联系，并且尽快消除南北两地的历史隔阂，让隋朝真正完成从形式到精神的统一，将权力中枢从大兴城移至洛阳势在必行。

或许，这才是令他下定决心迁都洛阳的原因。

杨广从洛阳回到大兴城后，当即下令大规模营建东都洛阳，御用都城设计师依然是宇文恺。他知道这一举动必定会遭到大兴城中贵族的反对，因此，他搬出了已逝的杨坚，在诏书中声称：自隋朝建立以来，先帝就想要将河、洛作为创业之地，他长久思虑挂念此事，如今尚未达成心愿就与世长辞。一回忆起来就令人激动哽咽，朕必须完成先帝之志！

诏令一下，浩浩荡荡的东都建设工作就启动了。

大江南北的良材美石纷纷运往洛阳，经过巧匠的打磨投入显仁宫的修建之中。新都洛阳南接皂涧，北跨洛滨，充分利用了天时地利。为了装点显仁宫的园林，负责室内装修的宫人四处寻找海内的嘉木异草，珍禽奇兽。

已经动工数月，杨广十分好奇洛阳新都的建设进度。他特意抽出空来，亲自来到洛阳查看。眼见新都亭台楼阁拔地而起，四周却冷冷清清。他想：若是东都建成，短时间内却无人来此居住，只有皇宫孤零零地伫立着，到时难免寂寞。不如下令让洛阳郊区的百姓与天下各州数万户富商大贾迁居洛阳，这样一来，无须费什么周折就能迅速令洛阳人口倍增。

此时他心中虽已有了谋划，却并未叫左右知晓，他预备等东都建成之日再付诸实施。

历时一年，耗费无数人力财力，洛阳都城终于修建完毕，一座宫殿苑囿、巍峨壮丽的都城拔地而起。与旧城不同，新都城增加了宫城、皇城和外郭城的组合。七十里长的外郭城又叫大城，皇城则是文武衙门办公的地方。宫城位于整个都城的中央，周围三十里，内设皇家园林，一派华贵。

搬家也要挑日子，礼部时隔一年再次忙得炸开了锅，终于选定了吉日，同时大兴城中的百姓也举家搬迁。然而，刚搬进新都没多久，杨广就发现一场考验正在等待自己。

北方洪水泛滥需要南方救场

大兴城到洛阳新都的搬迁已经告一段落。此刻洛阳新城里到处张灯结彩，有的是新店开张，有的是老店乔迁。

入春之后进入夏季，雨水一日比一日多，官沟的排水量都快赶不上积水的速度了。然而，大家都沉浸在洛阳城的美景中，没人注意到日渐高涨的水位线。

杨广正在宫中处理奏章，他听着屋外淅淅沥沥的雨声，早已没了耐心。刚入夏那会儿，下了几场雨，显仁宫红墙绿瓦被雨水一冲刷，又映衬着园中花木，竟然透出些许江南的烟雨朦胧来。杨广曾经在江南居住过一段时间，他虽生在北方，却对秀丽的南方山水青睐有加。这多雨的夏季，让杨广感觉自己仿佛身在江南，惬意而舒适。

然而，这场雨却连绵不断，经过几次夏雷，大有不止不休之意。杨广放下手中的奏章，唤来内侍，吩咐他去把窗户关上。屋外的雨声被一扇朱窗隔挡，屋内霎时就安静许多。

他静下心来，翻开左手边加急送来的折子，却越看越心惊。纸上的内容是经过誊抄整理的，每一条都在向他哭诉当地的洪水有多严重。整个河南几乎都因这场不绝的大雨而受到冲击，到处都是声势浩大的洪水，匆匆数下来竟然已经有三十多个郡被淹没了。

得赶紧想办法！他看完奏章，耳中的雨声仿佛开始变得刺耳。洪水一直以来都是隋朝绕不过去的天灾。

二十多年前，杨坚建立隋朝时，将国都定在汉长安城。这座城池在建造时采用的是深井排污，几百年过去了鲜少疏通，导致排水不畅，一到下雨天污水就泛滥成灾。久而久之，这些脏水渗透田地，就连生活用水都渐渐受到污染，水质咸卤，不可饮用，城里还时不时散发着臭味。而且，汉长安城的北面就是渭水，时时面临着被水淹的危险。

当初杨坚就一直将长安城的水患问题放在心上，却始终无法解决。日有所思，夜有所梦，他竟然在一个风雨交加的夜里，梦见渭水水位暴涨，一夜之间淹没了整个都城。

他梦见自己在水中挣扎，呛入口鼻的洪水恶臭难闻。

紧接着他就被一道闪电惊醒，惴惴不安地坐在榻上，心想：留在这座城中不是长久之计，既然没有方法解决排水问题，只能迁都。

这才有了兴建大兴城一事。

隋朝经历的天灾颇多。杨广回忆起隋开皇五年(585)，关中连年大旱，百姓早春播种的粮食颗粒无收，即便到处都在开仓放粮，仍然饿死了许多人。死人一多，尸体又堆积在一处，倘若官府的人不及时处理，那些尸体就容易发烂发臭，在城中惹出疫病。这样恶性循环，那年关中人口大减，有的良民被逼成了土匪，有的则逃离关中，去了江南谋生路。

本来南北朝几百年来北方就战乱不断，人口凋零，经济复苏困难。又来了旱灾这一出，北方粮仓彻底告急。当初杨坚为避水灾迁到大兴城，却没想到又遇着旱灾。当时都城近百万人，即便是丰收年，八百里秦川（陕西关中平原）也完全供应不上，更何况如今还遭遇了连年大旱，关中的粮食问题只能从东面或南面想办法。

然而，大兴城东面的渭水泥沙聚集，行船不便。即便调集了全国的物资，沿着黄河往上，一到洛阳附近，就很难继续运输了。隋开皇十年（590）和隋开皇十四年（594），关中两次闹饥荒，就连一国之主杨坚都只好带领官民逃荒到现在的东都洛阳，解决吃饭问题。

除了水旱，还有地震、山崩、雹灾、蝗灾等，不胜枚举。

就在他登基前五年，关中还发生了一次严重的地震。当时是十一月，家家户户都在准备过冬用的物资。就在此时，整个关中地动山摇，木质的房屋倒塌成片，来不及逃走的百姓被埋在其中，地里的庄稼更是被破坏得不成样子。

地震过后还引发了风灾，京都连吹几日大风，刚经历地震摇摇晃晃的房屋被拔离地面，树木摧折更是常事。偌大的都城，十多年的繁华就在这几日毁于一旦。后来，据上报，秦、陇被倒塌东西压死的人都有上千。

桩桩件件，杨广都亲历过。

他站在门前，望向宫墙，即使他看不见宫外的情况，看不见奏章中那些悲惨景象，但他还是重重地叹了一口气。奏章中的景象仿佛与记忆中的尸横遍野相重叠了。

他迁都洛阳，既是为了方便掌控天下，也是为了能在各地发生灾情时第一时间做出反应，不至于有心调遣，但交通不便。所以现在得到消息后，他必须马上采取措施，才不辜负迁都此举。

如今，河南三十多郡被洪水淹没，生活其中的百姓必然流离失所，当务之急是安抚流民，筹备粮食。洛阳身处四河交汇点，黄河泛滥给它带来的影响也不小，各条河道的水位都已暴涨，护城河已经被雨水蓄满，即将蔓延进城内。

虽然新都的城市建设曾经考虑过排水系统，但是这只局限于宫城与一些重要的地点。城中相对低洼处，经这大雨浇灌，官沟又迟迟不能将水排出，早已泛滥进屋。居住在此的百姓多是穷苦人家，没奈何只能带着家当逃命去了。放眼望去，曾经繁华的新都洛阳已经隐隐有被水淹没之势。

第二天，听着朝臣们的汇报，杨广内心深处的一个想法再次冒了出来。

北方连年战乱加上多次天灾，粮食产量不足，粮仓的储备也不够这次救灾之用。而崤山以东和淮南地区连年丰收，是这次救灾调粮的主力军。

如何将这些粮食运到关东，这是个不容忽视的难题。虽有长江、黄河作为漕运通道，但长江、黄河并不相连，其中仍有不短的一截陆路。如果绕道沿海，只用水路交替运输，恐怕会耽误好一阵子。

然而，为今之计也只有如此，先调崤山以东的粮食救济，再补充江南地区的粮食。杨广觉得是时候提出这一想法了，他告诉朝臣们："这一次调粮救急，下一次呢？多年来我朝天灾不断，难道每次都这么匆忙地调集天下粮食与物资救援灾区吗？我们需要的是既能疏通河道防止洪水，又便于运输的运河。"

这一番话震惊了朝臣。运河？按照陛下的意思，岂不是要挖通长江与黄河？这样大的工程能完成吗？他们担忧的同时也不得不承认：北方洪水泛滥，确实得靠南方来救。

谁来做江南运河的起点

经过几个月的疏通与排解，洛阳城的危机暂时解除了。被洪水淹没的河南诸郡也相继收到粮食，一切又回到正轨，但谁也说不清下一次天灾会在什么时候降临。

朝堂上，杨广端坐在前方，就设置粮仓与开挖运河一事与群臣展开讨论。有人认为此事利国利民，能够综合天下资源救济一方，可行；有人认为这项工程过于庞大，隋朝本身就历经数次灾难与战乱，再进行这种大动作无异于劳民伤财，不可行；有人认为杨广提议在洛阳周边设置粮仓十分英明，根据隋朝建国以来的记录，黄河以南时常泛滥，设置粮仓有备无患……

听着群臣的意见，杨广自己心中也有一杆秤。他知道，开挖运河确实不是件小事，所需钱粮众多。朝廷刚经历一场天灾，一下子要拿出这么多银钱，确实吃力。然而，他转念一想，开凿运河的辛苦只是一时，一旦成功通航，未来无论南北遇到天灾人祸，都有转圜的余地。

朝堂上少有这样闹哄哄的时候——那些爱民如子的官员，不愿再看到天灾之后的饿殍遍野，希望陛下能早日下旨动工；而户部、工部负责银钱、匠人的官员则一脸气愤，大有对方“站着说话不腰疼”之意，他们此时不据理力争，等这事成了板上钉钉，户部要四处抠出银钱来支持，工部则要征集民夫、派发工匠，哪一件事都不是好解决的……

这场无休止的争论眼看着就要演变为人身攻击，还是杨广开口扼住了那苗头：“众卿家不要再吵了，这事也不是不能商量。开挖运河是一定要做的，户部和工部的难处朕也知道，没说要一次挖到扬州，户部尚书你不必如此激动。循序渐进，先开挖一段，等休养生息后再继续第二段，众卿家以为如何？”

陛下金口一开，还主动退后半步，这时候谁敢不上道地说不？众人纷纷答陛下圣明。

“至于设置粮仓，远的不说，先设在洛阳周边，即便有个变故，也可从洛阳调度。再者，北方产粮不多，南方的粮食经由运河调来，也无法深入西北，倒不如就卸在洛阳的码头。倘若发生天灾，北方各个州郡的粮食再由洛阳调度，众卿家以为如何？”

众人纷纷举笏弯腰，口中喊着“陛下英明”。

杨广见群臣意见达成一致，立即命令尚书右丞皇甫议总领开挖运河一事。参与这项工程的民夫就从河南、淮北诸郡中征调，人数约百万。先开哪条运河，杨广早有打算，他指明先挖通黄河与淮河。

黄河与淮河之间的运河早在战国时期就已被开凿，称为鸿沟。西汉之后，鸿沟又被汴渠（即汳水）取代。从西汉到南北朝时期，汴渠曾经进行过整修与局部改建。经河南大水一事后，隋朝政府确实没有足够的精力开挖一条全新的运河。倘若是先挖这样一条有基础的运河，那就不会过于费劲。

在隋开皇四年（584）时，杨坚为了沟通大兴城与洛阳，就曾经开凿了广通渠。如今，杨广也要从洛阳出发，将运河通至淮河，他将这段水路称为“通济渠”。

通济渠的开凿分两段进行，一段是从洛阳的宫殿“西苑”出发，引谷、洛两水到黄河。这一段大概循着东汉张纯所开阳渠的故水道，由偃师至巩县的洛口入黄河；另一段则是由河南的板渚，引黄河水经荥阳、开封与汴水合流，又到今天杞县以西的位置与汴水分流，折向东南，在盱眙之北入淮水。

开凿运河的同时，设置粮仓的工作也没落下。

按照杨广的意思，洛阳周边的粮仓是为通济渠运粮

运河上的广济桥

所准备的。围绕洛阳，设有洛口仓、回洛仓、河阳仓、含嘉仓等。这些粮仓的容量都不一般，预计储备大量粮食。其中洛口、回洛两仓粗略计算，最多可以达到两千六百多万石。

杨广将调粮的诏令都准备好了，就差盖上鲜章，却来了个人告诉他路不通。哪里不通？为什么不通？不是来报说通济渠已经通航了吗？他看着眼前气喘吁吁的工部官员，自己也急。

“陛下，淮南扬州一带征粮容易运粮难，扬州的粮食必须经过山阳渎（古运河名），这条河段久未疏通，运粮的官船无法通过……”

杨广听明白了，这是在说还有一段运河需要疏通。他没记错的话，山阳渎接着邗沟。这邗沟早在春秋时期就已通航，当年吴王夫差北上伐齐，邗沟就是他的水上粮马道。

本来他就想多开几条运河，奈何户部的老大人们哭穷，这次可是天赐良机。杨广假装为难，下令征集淮南民夫十多万疏通邗沟改道山阳，从山阳入江，还顺道疏通了山阳渎。

于是增凿运河的计划就这样提上了日程，只是现在将何处定为新增运河的两端起点就成了大难题。杨广与几位水利建设专家探讨了好几轮，终于拿出了一个可行方案。他们一致认为杭州地理位置优越，如果打通镇江与杭州，再加上吴王夫差当年凿的邗沟，便可以使洛阳到杭州的距离缩短三分之一。他们最终将杭州定为了这条运河的起点。而这段拟投入建设的运河就是后来的江南运河，也是未来整条京杭大运河的前身。

在江南运河修建完成后，杭州也慢慢地发展起来了。

以前杭州只是一座江边小城，后来因江南运河可直通洛阳与北方诸多经济重镇，逐渐成为江淮流域与中原各地的商品集散地。到了唐代，杭州已经是“咽喉吴越，势雄江海……骈樯二十里，开肆三万室”[①]的大都市；对外贸易方面更是便利，有了“东眄巨浸，辏闽粤之舟橹。北倚郭邑，通商旅之宝货”[②]的美名。

①〔清〕董诰编：《全唐文》。
②〔清〕董诰编：《全唐文》。

第七章

杭州在钱镠手中变为国都

一座城被大手笔重筑三次

喧闹的窄巷子里入驻了许多小吃店铺，人来人往，摩肩接踵。这条巷子是位于朝晖街道的夹城巷（今属浙江杭州），是《西湖游览志余》中“东通递运所，四达之衢，市廛殷阜”的繁华之地，也是“夹城夜月”的起源。

一条饱含烟火气的民巷为什么取名“夹城”？就像人们总是喜欢用伟人的名字命名与他相关的事物一样，夹城巷的名称由来也与一千年前的一位杭州一把手息息相关。

唐大顺元年（890），九月。

杭州城的风雨势头小了，坐在屋内的钱镠屡次探看窗外，大概是没想到天公如此不作美，口中念叨：“这雨来得急，召他们议事时还晴空万里，一会儿工夫竟下起雨来。”

此时，他担心的人们正在赶来的路上，有的乘轿子，有的坐马车，也有罗隐这种有情趣又节俭的人选择举着伞在雨中缓缓步行，也不管他们钱大人是否在府中等得焦急。

罗隐到了钱镠府中，轻车熟路地去了议事厅，进门打眼一瞧，杜棱、顾全武、皮光业、林鼎这些同僚都在场，看来是有要紧事。

等人齐了，茶也吃过一轮，钱镠才开口说明今日会议探讨主题：子城老旧，是否修筑夹城？

子城即内城，是一座城池最先修建的那一部分。夹城则是保护子城，避免危难时子城首先受到攻击的第二道防线。

“如今天下大乱，烽火频频，江左（长江下游南岸和长江部分中游东南岸）更是如此。那日我巡视子城，发现子城年久失修，基址老烂，狭窄颓唐。我认为可以修筑夹城，各位意下如何？”此时，钱镠已经从杭州刺史升职为武胜军都团练使，战火纷飞，杭州城的军事防御当然要他多费心思。

一听这话，座下的武将杜棱深表认同，他敞着嗓门说：“可不是，每次阅兵那才憋屈，都没有回转之地，士气还没提起来就先笑了。”

杜棱口中逼仄的阅兵场面确实存在，杭州州城自隋朝杨素修筑后，再无扩张举动。借助柳浦渡口的优势与沿海资源，杭州城已经逐渐发展为一座繁荣的都市，当年的城墙如今反倒成了禁锢州城拓展的屏障。再者，这座城经历了两百多年的风雨，城墙早已残破不堪。

钱镠提议修筑夹城对杭州城而言，有百利而无一害。

杜棱、罗隐、皮光业等下属无论是从大局考量还是从州城的小局琢磨，都赞同他的想法，认为修筑夹城势在必行。

按照办事章程，钱镠在动工前给唐昭宗打了一份报告。虽然现在各地刺史纷纷割据，但这么大的事儿不打声招呼有点说不过去了，他只是个武胜军都团练使，又没有占山为王。

不过，前脚报告才发出去，后脚钱镠就开始征集民夫为修筑夹城做准备。

按照钱镠与幕僚的商议结果，子城需要被夹城包围，南北最好有两面夹城遥相对立。规划设计图一出炉，杭州夹城也进入工期了。

九月，过了三伏天的杭州城日渐凉爽，参与建设的工匠与民夫也免了日晒的苦头。钱镠估测年前就能完成夹城的修建。不出他所料，夹城果然很快修好。放眼望去，新夹城环包家山，从秦望山折回，共五十多里。崇建雉堞，夹以南北，矗然而峙。

夹城修筑完没多久，纷乱的天下就又起风波，地处交通要塞的杭州险些受到冲击。正是由于这次意外，钱镠又动了加固城池的心思。

当初黄巢起义，虽然战败却瓦解了李唐皇室的权威。各地军阀涌起，其中最具掠夺性的当属蔡州的秦宗权。这人气焰嚣张，派出手下残暴的孙儒征战南方，企图夺下经济重地扬州。这孙儒所过之处哀鸿遍野，烧杀抢掠，无恶不作。

起初，孙儒的抢劫名单上只有扬州这类经济重镇，后来他觉得柿子还是得挑软的捏，于是将杭州这类发展不错的城市也写了上去。唐大顺二年（891），孙儒带着他的士兵再次南下，目标已然变成了地处更南的苏州。钱镠听闻此事，心中隐隐叹息：扬州的惨象历历在目，苏州又将上演相同的悲剧吗？

后来，他接到急报，称杨行密、安仁义、田頵等人连破五十余寨生擒了孙儒，考虑到此人犯下的累累罪行，不等审讯便将他枭首示众，随即将首级传回长安。这一消息大快人心，就连远在杭州的钱镠也拍案叫好。然而，此时他与幕僚们也不约而同地想到了一件事。

今日死一个孙儒，难保明日不会再有这种残暴善战的敌人，被焚毁的扬州与抢劫一空的苏州就是杭州的前车之鉴。有备方能无患！虽然修筑了夹城，子城够坚固了，但百姓的安危依然没有保障。况且，钱镠深知，杭州因便利的水陆交通，工商贸易都相当发达。一旦遭到孙儒这类军队的侵略，后果不堪设想，应该早做准备，加强军事防御。

就这样，修筑于夹城外的防线——罗城也被提上了日程。

唐景福二年（893），钱镠发动了自己手上十三州的所有力量，集中修筑杭州罗城。这次筑城实在是个大工程，他亲自率领十三州的士兵和役徒二十万，围着杭州夹城动工。从秦望山开始，自夹城的东缘江干延伸至钱塘湖、霍山等地，长约七十里。由于罗城本就建在夹城的基础上，又动用这么多人力，仅仅四个月就竣工了。

新筑的罗城从北郭分其势，左右在冷水源接合，绵亘若干里。城墙高若干丈，厚约高度的一半。由于修筑过程是先两头后中间，所以竣工后整个杭州城呈现出两头粗、中间细的形状，这样一来，杭州城还得了个“腰鼓城”的名头。修筑罗城后的杭州，安全系数明显上升，城中的贩夫走卒，黄发垂髫，就连只是借过的商队，都无须忧心安全。

这年十一月，新筑的罗城仿佛将寒风都抵御在外，站在城墙上的钱镠竟没有感到凉意。他眺望远方，正在验收这个浩大的工程，突然对身旁的罗隐感叹道：“十步一座城楼，这杭州城该是固若金汤了？”

罗隐却若有所思地回答：“城楼不如向内。”其实他这话大有深意，是在提点钱镠，祸起萧墙，城内的敌人有时候更可怕。

果然，唐天复二年（902），这年被封为越王的钱镠出巡衣锦城（今浙江临安）。令他没想到的是，他手下的武勇都左右指挥使徐绾和许再思竟趁机起兵叛乱，攻打杭州内城。得知消息的钱镠顾不上庆祝，立刻快马赶回杭州平乱。

深夜，杭州城陷入一片静谧，钱镠潜入其中，指挥诸将守城。顾全武猜测叛军可能会向杨行密求援，请求拉拢远在江淮的杨行密。当时，杨行密已经自封吴王，他所管辖的范围正好将钱镠手中的十三州包围，不可不防。

听完顾全武的分析，钱镠决定采纳他的建议，与杨行密联姻，防止杨行密靠向叛军一方。当然，这时的钱镠并不知道，未来杨行密所统治的吴国，将是他所统治的吴越国最大的威胁。

八年后，钱镠已经是实至名归的吴越王。杭州此时就是吴越国的国都，而吴国与吴越国已经开始互有攻伐，但总体而言，杨行密领导的吴国处于上风。

吴国的攻伐路线约有四条，它们分别是江南运河、宣州到杭州、歙州到睦州、信州到衢州，前两条路线都直逼吴越都城杭州。为了防御，余杭、衣锦城等地纷纷筑起了坚固的城墙，作为防御中心的杭州也重新修筑了一次子城。

对于杭州城而言，这几次修筑的城墙意义重大，它们使得杭州城址就此稳定下来，开始了它作为国都的蜕变之旅。

而修筑城墙的主角钱镠似乎早已知晓杭州的未来，当他听闻城中百姓埋怨大修城池劳民伤财时，他只淡然对身旁的罗隐说："千百年后，知我者以此城，罪我者亦以此城。苟得之于人，而损之己者，吾无愧与！"①

修海塘的射潮秘密

眼前的大片良田，被已抽穗多时的水稻染成金黄。现在是正午时分，田埂上有几个戴着斗笠的百姓，他们手中提着几尾鲜鱼正要赶回家中用饭。几人结伴而行，途经钱塘江边，却发现一贯平静的江水波涛翻涌，拍向岸边堤坝的力道将江水粉碎成珠。

这一幕，几人再熟悉不过了，这分明是海潮即将到来的前兆！他们匆匆放下手中的物件，奔到堤坝旁观察江水的动向，当看到那海塘中的泥沙一次次地被江水冲散时，几人心中不免惴惴不安。

①〔清〕董诰编：《全唐文》。

“快，海潮要来了，去通知大家快跑！”其中一名农夫颇有主见，见状赶紧嘱咐身旁的同伴回去通知家人，又自告奋勇道：“我去报官，你们先回去。”众人作鸟兽散。

那名农夫将江水的异样告知官府，官府也不敢耽搁，当即派人去江边核实。几名差人来到江边，发现此时江水更加汹涌，钱塘江入海口的水平线上也泛起巨浪，层层叠叠地朝杭州城压过来。这可不得了，等潮水来了，整个杭州估计都得泡水里！那些负责查探的差役心中冒出不祥的念头，他们分了任务，有人去通知居民往高处避难，有人则去通知长官。

钱镠一听说海潮来犯，猛地从凳子上站起来。从贞观时起海潮就频频来犯，以前百姓自己修的堤坝不够坚固，容易崩塌，后来官府重铸，还是无法抵御海潮……那次，秦望山东南十八堡，数千亩土地全部被江水淹没。当地的百姓不堪天灾，已经向他诉说多次。还没想出个解决方案，海潮就再次来犯，钱镠暗下决心：这一次，我一定要改变年年海潮致灾的情况。

一盏茶的工夫，咆哮而来的钱塘江水已经涌向杭州城，泥筑的堤岸被冲毁，秋收时节的棉蕾稻谷全被潮水席卷而去……

灾后，钱镠亲自视察灾情，他迈着沉重的步伐走在钱塘江岸，残破的房屋与老百姓灰白的脸色给了他重重一击。这泥塘经过多年验证，根本无法抵御海潮，为什么不修筑一座更稳固的石塘呢？一个念头出现在了他的脑中：修捍海石塘。

结束视察工作后，钱镠又安排官员安抚灾民，抽调物资填补空缺。忙碌一天，他却没有感到丝毫疲惫，反而更加坚定了心中志向。坐在房中，想到即将开始的海塘修筑工作，他感慨万千，挥笔写下一封奏书，上奏朝廷："百姓是社稷的根本，我们这些人都是为百姓而生，圣人说有了土地才能富起来。从如今的情势看起来，海塘是不能不修……"

后梁开平四年（910）九月，潮水退去，杭州城沉在水中的地表终于露了出来，到处都是被冲毁的民居和庄稼的残骸。干燥处，站立着钱镠调集来的二十万军民，这些人已经被分配好任务，即将开始修筑捍海石塘。

起初，他们沿用前人的经验，施工前先在钱塘江里打一排"滉柱"，希望靠这些粗壮的木头抵挡江潮的冲刷，便于他们后续施工。然而，海潮虽退，余威犹存，加上强劲的风力，打新滉柱时原来的滉柱就已经被冲得歪歪斜斜，顾得了这头顾不了那头。

〔清〕佚名《西湖十景图·功德崇坊》

反复几次，军民的耐心都被消磨殆尽。这到底是怎么回事？钱镠正在思索解决方案时，他身边却有人告诉他这是潮神作怪，才导致海塘难修。好多军民都听信了这种谣言，认为继续修筑捍海石塘是违背潮神意愿的，会受到惩罚。

根据钱镠自己的观察，哪有什么潮神，分明是气候影响。但军民对潮神深信不疑，他必须想办法让他们重拾信心。

农历八月十八是潮神的生日，这日，钱镠挑选了几百名弓箭手，将他们安排在江边。时机成熟，他面对滔滔江水，送给潮神一首诗——《筑塘》[①]：

天分浙水应东溟，日夜波涛不暂停。
千尺巨堤冲欲裂，万人力御势须平。
吴都地窄兵师广，罗刹名高海众狞。
为报龙神并水府，钱塘且借作钱城。

围观的百姓不知他葫芦里卖的什么药，议论纷纷。钱镠将事先写好的诗句掷入江中，转身对百姓们说："我与潮神修书一封，向他借来钱塘之地，修筑海塘的事他已经同意了，百姓们不必惊慌，潮神并非因海塘而动怒。"

围观的人群因这一句话打开了话匣子，原本窸窸窣窣的议论竟变得比滔滔江水还吵闹。等了一会儿，他们发现潮水居然更加迅速而凶猛地扑过来。这下子，场面几乎控制不住了。

"潮神发怒了谁也拦不住。"

①〔清〕彭定求编：《全唐诗》。

“这些都是钱王骗人的鬼话，潮神怎么肯听他的话呢？”

“别这么说，没准儿潮神爷看了钱王的书信，当真同意咱们修筑捍海石塘呢？”

“修海塘太劳民伤财，瞧瞧他之前修筑州城，那么多民夫被征用，庄稼也没人做。现在又要惹怒潮神，到时候报复来了还是我们普通老百姓受着……”

钱镠听着越来越大的怀疑声依然面不改色，他环顾四周，观察潮水的变化，突然大喊一声：“放箭！”

岸边的士兵听令，立即搭弓将弦拉满，“嗖”的一声尽数射出。弓箭直逼潮头，原本汹涌而来的潮水竟然缓下了速度。钱镠又下令追击，岸边的士兵再次搭弓射箭。那潮头原本还有左右摇摆不定的趋势，结果竟在第二轮弓箭射出时改变了方向，弯弯曲曲地逃向了西南边，最后消失得无影无踪。

围观的百姓都被这一幕看傻了眼，沉默片刻，不知是谁爆发出一声欢呼，大家都跟着那人欢呼，虔诚地朝拜钱镠，口中喊道：“钱王定是海龙王啊，连潮神都怕了他！”

射潮之后，修筑海塘的工作重新被捡起来，参与的百姓再无怨言，反而因海龙王的存在而备受鼓舞。他们抛弃以前的“版筑”方法，选择新的“石囤木桩法”。他们先在海塘岸边打下六层罗山大木桩，随后又加上横木固定，在每层木桩间放上装满石块的竹笼，再用泥土浇筑。之后再在海塘外多加几排木桩，降低潮水对海塘岸边的冲击。

钱塘霸迹（出自《西湖佳话古今遗迹》）

经过二十多万军民上下一心的努力，围绕钱塘江岸，护卫杭州城的捍海石塘就此大功告成。这是杭州城市建设历史上第一条用竹笼、石头、木头筑成的海塘，也是世界海塘史上的创举。

然而，谁也不知道钱镠为何能逼退海潮，只有他自己明白其中的玄妙。其实，他仔细研究了多年海潮的趋势，发现潮水常常在一段时间内会南北摆动，这次不出意外也是往南摆动，这才给了钱镠发挥的余地。但他没有向军民解释，而是利用这次射潮鼓舞士气。

后来，为了阻止海水倒灌，卤化良田，他还组织建造了龙山、浙江两座大闸。在这之后，杭州城的老百姓再也不必惧怕海潮来袭，反而在此安居乐业。杭州城没了海潮这一天灾的侵扰，比之前发展得更快。钱镠在位时，杭州就已经变成富甲东南的第一大州。

鱼米乡丝绸府都不是梦

现在已是后梁乾化二年（912），当初帮助钱镠受封吴王的朱温并没有好果子吃，他的儿子朱友珪弑父篡位，坐拥后梁江山，还尊称钱镠为“尚父”。

此时，远在杭州的钱镠在做什么？

一处城墙上的旗帜被风卷起又舒展开，旗下一位目光如炬的老者正倚墙而立。他打量着城墙，远远眺望钱塘江边看不清的海塘，内心自豪：这些都是我的毕生心血。曾经我的理想是“保境安民”，我也当真做到了。中原的王，谁爱做谁就做吧，我只求手中一军、十三州、八十六县的百姓能够安居乐业，远避战火。

这人正是花甲之年的钱镠，他戎马半生，如今最大的心愿便是保障吴越国的安定。按理说，在他的带领下，夹城、罗城筑成，捍海石塘完工，这些都是为民造福的大工程。如果他此时退休，必定会被后世传唱。然而，钱镠心中仍有抱负，他要将这杭州变成地上天宫。

身旁的人劝说他城楼上风大，钱镠自己也惦记着公务，这才转身下了城楼，乘坐马车回到了吴越王府。平日里他没有细瞧，今天才发现王府是如此老旧，大门已经褪色，而那经历多年风吹日晒的墙皮也脱落不少。这里不像王府，倒像寻常人家的老宅。

“如今我被梁皇尊为‘尚父’，这府邸也老旧不少，是时候重修吴越王府了。”钱镠边跨进门槛，边对身旁的侍从说。

没几日，钱镠要重修吴越王府的事已经传遍了杭州城，百姓们猜测不一，不知就在原址还是重新选址。

这日，有方士登门，说有良策献给钱镠。他说：“若改旧为新，国祚能延长百年；若填筑西湖修建王府，三面云山一面城，王气可聚而不散，王府建在这里，藏而不露，垂祚当有十倍。”

若是寻常人，一听国祚千年，哪有不动心的道理，奈何钱镠不是寻常人。他静静地听完方士的计策，面无激动神情，反而对方士说：“有土才有财，无水就无民，杭州城的老百姓以西湖水为生，填了西湖就没有水，无水就无民，无民何来君？有国祚百年，我已经很满足了！”

钱镠并没有将西湖选为吴越王府的地址，而是在凤凰山的旧址上扩建了王府。他无视称王千年的诱惑，将百姓的安居乐业放在首位，为杭州城的老百姓留住了西湖。

留住西湖，就要治理西湖，这治理西湖可是钱镠晚年政绩中辉煌的一笔。

杭州自隋朝建州以来，土地由于海水倒灌常年收成不佳，境内的活水更是咸卤难饮。后来邺县侯李泌凿六井，将西湖水引入杭州，杭州城民才有了农田灌溉与生活饮用的固定水源。同时，西湖也成了杭州城的命脉。

新修的吴越王府已经竣工。钱镠正在熟悉新办公场所，手下的人却突然来报。这人说杭州城内多处井水日渐下降，眼见都要打不上水了。他听着奏报，眉头一皱，饮水是大事，必须尽快解决。

钱镠找来主管城内饮水的官员，等官员赶到后，他方才耐心询问："是否查明原因？有无补救措施？"

那官员将前因后果缓缓道来。原来这都是战争惹的祸。晚唐时期战火纷飞，西湖疏浚问题被忽略，湖泥淤积多年，湖水不充盈，井水水位自然也跟着下降。

钱镠思索片刻，提出了自己的看法："当初杭州居民尚少，李邺侯只需凿六井就足够全城饮水。可如今杭州城内已达十多万家，六井就是杯水车薪，必须增加城内水井数。井水都来自西湖，治理好西湖才是根本。"

按照钱镠的想法，他们现在想要解决水位线日渐下降的问题，当务之急是要将西湖中的淤泥疏通。于是，有关部门挑选了精兵七千，由这些人组成一支特别的队伍——撩湖军。这支军队既不打仗也不维护治安，而是用于疏浚西湖。

撩湖军成立以后，他们便接受了统一的职业培训，由专人教他们如何清除葑草，挖掘淤泥，疏通泉流。正是得益于这支军队，原本堵塞的西湖没几个月就被疏通，湖水越发清澈，而井水水位也慢慢回升到从前。

看见情况好转，钱镠大喜，他频频捋着长髯，满眼笑意地想：如今西湖已经疏通，下一步就该开凿水井了，还得再挖几个蓄水的池子，以备不时之需，方便百姓取水。

钱镠找来前人开凿水井的资料仔细研究，等待时机成熟，他便带上城中的水利专家，组织百姓开凿了九十九口水井，开挖了三个蓄水池，又引西湖中的湖水为涌金池，与运河相通。

有了水，杭州城的百姓才能安居乐业；有了水，杭

杭州钱王祠旁之钱镠塑像

州城也渐渐变成了繁华的鱼米乡。等城中百姓生活的基本问题得到解决后，钱镠又将目光放在丝绸上。

多年来钱镠始终本着“保境安民”的原则，尽量避免与中原的君王起冲突，他不在乎虚名，次次向中原俯首称臣。作为附属的吴越国自然要向中原纳贡，杭锦作为杭州城的标志产品，每年都要向中原进贡数十万匹。

一次朝会上，臣子中有人站出，告诉钱镠如今杭锦市场紧俏，不仅畅销中原与江南，还远销国外。

钱镠听了这话，结合每年向中原进贡的数据，说：“不如从今日起将织锦业纳入官营范畴，而杭州城中的专业织锦工就由官府亲自挑选雇用。”

纳入官营就意味着赋予了杭锦品质认可，更是一种无形的宣传。精美的杭锦从此以后就成为吴越国税收的一部分，更成为杭城百姓引以为豪的地方特产。

直到花甲之年，钱镠依旧在继续推进杭州城的建设工作——修筑捍海石塘、治理水土、发展农桑……他相信，在他和历代子孙的治理下，杭州将成为名副其实的地上天宫，鱼米乡、丝绸府都不是梦。

第八章

钱弘俶缔造东南佛国

吴越新王的政绩不输钱镠

后汉天福十二年（947）十月，到处正是一片秋风萧瑟、落叶卷地的样子。

在钱弘俶眼中，这般肃杀景色正是在为他送行。马车行驶在宽阔的官道上，车厢中的他撩起布帘回望自己任职多年的台州（今浙江台州），心中感慨万千。这次回到都城参判相府，也不知是福是祸？时下政局动荡，不知将来又会发生什么？钱弘俶预感到这次都城之行不会那么简单。

果然，还在返程路上，他就听到诸多传闻，大体都是议论大将胡进思与吴越王钱弘倧不和。钱弘俶虽然沉迷佛道，却并非对政事不闻不问。他那位严厉刚毅的王兄，一贯不喜武将过于强势。偏偏那胡进思仗着自己有迎立新王之功，屡次干预吴越政事，君臣间自然是矛盾重重。从长远看，若是两人能化干戈为玉帛，对吴越国未尝不是一件好事。

事情的发展远超钱弘俶的预料。这会儿，他还在为

保俶塔

帮助将军与国君和解而绞尽脑汁，没几个月国君这顶帽子竟被他戴在头上。后汉天福十二年（947）十二月三十日，钱弘俶刚到杭州不多时，胡进思就发动政变，软禁了钱弘倧，迎立钱弘俶为吴越新王。

“这如何使得！我，我怎能担此大任？”钱弘俶此刻不知如何是好，他望着跪倒在自己面前的人，心中十分无措。那人正是胡进思，此时他单膝跪地，将自己早就想好的诸多理由一一陈列，都是在翻来覆去地贬损他的兄长钱弘倧，夸赞他才是国君的不二人选。钱弘俶深感无奈，叹息一声：唉！既然拒绝不得也只有硬着头皮接受了。

钱弘俶继位后，谨遵祖父钱镠与父亲钱元瓘的教诲，始终将吴越国百姓放在首位。

经过多时的积淀，钱弘俶下令杀掉了屡次挑拨钱弘倧与胡进思君臣关系的佞臣何承训，同时罢免了胡进思的党羽。在他看来，一国之事当由国君治理才是，臣子结党势必会营私。比起考核选拔出的官员，钱弘俶更加信任自己的宗族兄弟。他重用钱氏宗亲，委派他们担任各地地方长官。

不得不说，比起他那宁折不弯的兄长，钱弘俶更适合做吴越的国君。他心思活络，擅用帝王权术；同时，他又时刻将国家的安定与百姓的安稳放在第一位。继位第三年，他就迎来了自己执政史上的一大考验。

钱弘俶十分注重农业生产，他知道土地与粮食才是百姓的立命根本，必须将这两方面把控好；但也不能止步于让百姓免于饥馑，而是要进一步使他们生活得更加富足。

吴越境内到底有多少荒地弃田？这个问题一直备受钱弘俶关注。早些年，他曾在淞江一带设置营田卒，派遣他们围绕淞江辟土耕种，发展农业。钱弘俶认为淞江一带辟土耕种的效果不错，可以在全国推广这样的种植模式。

他当机立断，召来群臣商议此事："此前，本王在淞江设置营田卒，让他们开垦淞江处的荒地弃田。如今，也可让各地百姓流民加入此列，有了土地，他们自然能在当地安居。长此以往，那些无家可归之人都能在我国找到安身之所。你们以为如何？"

群臣以为此法可行，纷纷赞同。开垦荒地确不失为一则妙计，既无需重新划分已有土地，又能充分利用已有的资源，当真是省时省事。

诏令一发，底下的各官员立即忙开了。负责起草诏令的人，赶紧写完交给上级审核；承担收发诏令一职的官员则一直在等待上级的命令……几经删改，最后此诏令的主要内容按钱弘俶的要求，只缩减为一句“百姓耕种境内的荒废田地，官府不得征收赋税”。

这则诏令很快被张贴到了吴越国的大街小巷，境内的百姓几乎都知道朝廷颁布了这样一则利民政策，争相开垦荒地，种植粮食。有人见垦荒者甚多，便向钱弘俶提议增加土地赋税。这位爱民如子的吴越王自然没有采纳他的意见，而且还将他带到城门处杖责示众。吴越国的百姓知道此事原委后喜不自胜，从此更加爱戴钱弘俶。

两年后，钱弘俶再次询问境内的荒地数量时，臣子欣喜地告诉他：“如今吴越国境内已无弃田，更无荒地，百姓只花五十文就可买到白米一石。”

钱弘俶连连点头，满脸欣喜。然而，这种连年丰收的状况却没能持续太久。后周广顺三年（953），吴越地区遭遇了前所未有的旱灾。由于缺水严重，境内庄稼都枯死在田地里，连土地都干出一道道裂纹。

记述灾情的奏报一波接着一波传进吴越王府内。钱弘俶见到这一封封奏报无不在描述吴越境内百姓之苦，心中十分悲痛。当他得知民间竟已出现贩卖儿女的现象时，更是心痛难忍。钱弘俶没想到在他治下的吴越国，居然会有这般惨事！

他传来府内官员，有条不紊地下达一条条政令：“记。境内大旱，民间甚至因此鬻卖儿女。传我令，被卖孩童由官府出钱赎回，送还父母。其次，各大粮仓速速开仓赈济灾区，灾情甚重处由本王亲选官员前往抚恤……”

历史上的杭州一直是个多灾多害的城市，尤其多水灾与火灾。关于火灾甚至还有一句谚语流传下来：城隍山上看火烧。钱弘俶的父亲身体一向康健，就是因为杭州城突然起了大火，一时受惊才病倒去世的。

后周显德五年（958）四月，杭州城南一场熊熊大火正在燃烧。它蔓延的速度极快，眼看就要烧到镇国仓了。面对这场前所未有的大火，钱弘俶镇定自若，他命人砍伐周边的树木阻断火势，又出动杭城的专业救火人员扑灭大火。

事后清点时才发现，因火势太猛，竟有一万多户人家的房屋被焚毁。但是如果没有钱弘俶当机立断，内城和镇国粮仓都将不保。

从前钱镠在位时，海潮就屡屡侵袭杭城周边的土地，还有时不时的干旱也扰得杭州人不得安宁。吴越国开国国君钱镠当年就是通过修建捍海石塘、凿井引进淡水等措施才将这些困难一一化解。

钱弘俶想到祖父钱镠的所作所为，心中十分惭愧，他想着：我的理想只是遵循钱氏家训，带领吴越国走向繁荣而已。无论是后晋还是后周，他们争权夺位的行动都与我无关。

此后，钱弘俶愈发勤政爱国，誓要向祖父看齐。他在位期间，屡建功勋，做了不少促进杭州城发展的事情。他十分注重农业发展，积极鼓励蚕丝生产，还大力发展手工业……正是这些看似微小却贴近百姓的实事，使吴越国保持日复一日的繁荣。

东南佛国打造记

宋建隆元年（960），颓唐的杭州灵隐寺迎来了一位特殊的香客——钱弘俶。他一走进山门，就见到这座百年名寺呈现出一幅破败不堪的景象，院内外杂草丛生，墙壁上长满青苔……

钱弘俶自幼信佛，还曾在天台山修习佛法，如何能忍受这百年宝刹变成今日这副模样？钱弘俶心痛难忍，打定主意要重建灵隐寺。只是这佛教圣地毕竟不比凡俗，他一时拿不定主意：有谁可以担此大任？

和钱弘俶一起参拜灵隐寺的臣子提议道："延寿禅师德高望重，不如请他来主持灵隐重建一事？"不等钱弘俶回答，那人又接着说，"而且延寿禅师曾跟随德韶禅师学习入定，王上又跟德韶禅师熟识，如此正好。"

钱弘俶听了此话，也十分赞同，当下就派人去请。不多时，延寿禅师就来到了杭州。钱弘俶亲自出城去迎接他，还与他一起探讨佛理。两人言笑晏晏间就将这次灵隐寺的修建事宜安排妥当了。

延寿禅师对此事十分上心，他重新规划了灵隐寺的殿宇布局，图纸上的一笔一画都是他亲手绘制。钱弘俶也不吝斥巨资，这般两相配合，使扩建后的灵隐寺重现恢弘。有九楼十八阁，七十二殿，共计禅房一千多间，四面的围廊更是从山门直通禅院。灵隐寺中兴，香火逐渐旺盛。

其实，吴越国从钱镠时代起就笃信佛教，几代君王都以"信佛顺天"为信条。他们在治理国家的过程中，也将佛教文化传递给民间百姓，到了钱弘俶这一代更甚，是他将吴越国变成了名副其实的“东南佛国”。

杭州早在唐朝就已经与海外通商，因此常常有各种稀奇古怪的海外杂闻流传于杭城的街头巷尾。那些流传甚广的名人中也有钱弘俶的崇敬对象——孔雀王朝的阿育王。

钱弘俶的祖父钱镠也对阿育王十分推崇，他听说了阿育王的建寺事迹而心向往之，特意拜托自己的弟弟钱铧率领官吏、僧人前去明州的阿育王寺拜谒。“定要将释迦舍利迎回府城，”临行前，钱镠又一次殷切叮嘱钱铧，“本王会修建好浮屠等着你回来，届时就将舍利放在其中。”

后来新任的吴越王钱弘佐对发扬佛法也十分上心，他多次“遣僧慧龟往双林开善慧大士塔”，又迎舍利、灵骨等放在钱塘安光册殿供养，还为此专修了龙华寺。此后，钱弘佐又下令修建了许多佛寺。

到钱弘俶这一代，吴越国可谓是宝刹林立。当时杭州“九厢四壁，诸县境中，一王所建，已盈八十八所，合一十四州悉数之，且不能举其目矣”[①]。

钱弘俶即位后也大肆修寺建塔，后世著名的功臣塔、白塔、六和塔、雷峰塔、南高峰塔均建于此时。他仰慕阿育王造塔，就用金铜精钢造了八万四千塔，塔中藏有《宝箧印心咒经》，还“以五百遣使者颁日本”。他还在杭州建立了大量中小佛塔，专门用来放置圆寂名僧的舍利。

宋开宝三年（970），钱塘江潮势不可当，不但冲上堤岸，还冲毁了沿岸的许多农田。钱弘俶得此消息后，亲自前往现场探查，他望着汹涌的江水与肃穆的佛寺，

①〔宋〕潜说友纂：《咸淳临安志》。

银阿育王塔（浙江省博物馆藏）

计上心头：钱江潮多年未犯杭州，定是有佛祖护佑。佛法无边，不如今次就修建一座佛塔来镇压江潮，以保杭州平安。他心中的佛塔便是后来的六和塔。

延寿禅师有过主持重建灵隐寺的经验，自然再次成为主持修建六和塔的不二人选。修建完毕的六和塔位于月轮山南侧，高约五十几丈，塔中空置，游人可攀登观潮。

后来，钱弘俶又组织修建了雷峰塔，命人将手刻的陀罗尼经卷藏于塔内砖缝中。直到雷峰塔倒塌，人们才发现这卷经书。经书版面依然清晰，印刷质量良好，上面刻着“天下兵马大元帅吴越国王钱弘俶造此经八万四千卷，舍入西关砖塔，永充供养。时乙丑岁记”[①]。

……

与修建佛寺时的大手笔相比，钱弘俶本人却异常节俭。据《宋史》记载，他生性朴素，作为一国之君吃穿用度却十分简单，常常着粗布织物，食平常百姓之物。

钱弘俶在位时，不光修佛寺、佛塔，他还对吴越国的高僧法师格外礼遇，优待有加。除了和法师们一起探讨佛法，一些政务难题也会与他们商讨。他还邀请这些高僧广授戒法，教化民众。所谓东南佛国，正是这般形成的。

国君爱百姓胜过爱王位

北风怒号也掩不住钱镠陵庙中的痛哭声，那哭声一阵阵地传出门扉，门外身着素衣的大臣们也是一脸哀戚。

庙内烛火摇动，钱镠的灵位前一个人影跌坐在地。

①周亮编：《武林古版画》。

他衣着朴素，涕泗满面，口中只念叨着：“是孙儿不孝，既不能守祭祀，又不能救吴越。”烛光影影绰绰，打在那人脸上，他正是四十九岁的吴越王钱弘俶。

几日前，一纸诏书从千里外的东京（今河南开封）送来：宋室新皇赵光义宣钱弘俶进京一叙。事实上，这不是钱弘俶第一次进京，但他已经预感到这将会是他最后一次以吴越王的身份进京了。

当初后汉、后周先后灭亡，后周殿前都点检赵匡胤在陈桥(今属河南新乡)兵变，建立了宋朝。钱弘俶遵祖训，早早地向宋室称臣。同时为表恭顺，他还主动避讳了赵匡胤父亲的名字，为自己改名为“钱俶”。

宋开宝五年（972）九月时，钱弘俶派遣掌书记黄夷简去东京纳贡。赵匡胤接见黄夷简时满怀深意地说：“你回去告诉你家元帅，要训练兵士来帮助大宋夺取南唐。届时王府内外定会有唇亡齿寒的劝谏，万万不要轻信哪！”

钱弘俶从黄夷简口中得知此话后，当即明白了赵匡胤的意思。

果然，后来赵匡胤进攻南唐，要求钱弘俶出兵相助时，时任吴越国丞相的沈伦立即劝谏：“虞虢相倚，唇亡齿寒，江南是两浙之藩篱，一旦撤除藩篱，堂奥岂能平安，大王指日纳土矣！”①

钱弘俶闻言，想起赵匡胤的话，在心中无奈叹息：沈伦只说唇亡齿寒，却不明白今日的吴越国之于宋室，哪里有反抗的能力。即使今日不顺从他们，南唐一灭，吴越也会被宋室拿下。到时候，我吴越的百姓又将如何？

①[清]吴任臣撰，徐敏霞等校：《十国春秋》。

为了沈伦的安危着想，钱弘俶立即安排沈伦告老还乡，换了亲宋的崔仁冀接任丞相。钱弘俶狠下心无视了南唐国主李煜的求援信，与赵匡胤一同出兵灭了南唐。他心里很清楚，自己已经别无选择。

有了南唐的前车之鉴，钱弘俶对待宋室更加恭顺，美酒、丝绸、金银等贡品络绎不绝地往京城送去。宋开宝八年（975），赵匡胤邀请钱弘俶进京。这是他第一次离开吴越去中原，钱弘俶的心情十分奇妙：此去东京，本王不像个国君，倒像个去京城述职的边官。

为显礼遇，赵匡胤专门为他开凿了一段古河道，还派皇子赵德昭亲至宋州（今河南商丘）迎接。打老远，钱弘俶就瞧见了高头大马上的皇子，连忙下车行礼，随即作了一首《感皇子远降见迎》表示感谢。

东京的繁华程度一点儿也不亚于杭州，可这中原风情却没能抓住钱弘俶的心。他战战兢兢地留在这座陌生的城市，心中格外思念千里之外的杭州。这种如履薄冰的日子过了两个月，赵匡胤终于向钱弘俶提起回杭州的事。他伸手拍了拍钱弘俶的肩膀，对他说："南北风土不一，钱王定要多加调理，爱护身体！若你在东京多有不便，便早点回程吧！"

听到这话，钱弘俶终于松了口气。可是钱弘俶心中明白，近来朝中不少大臣都建议赵匡胤将他扣在京中，而此时宋皇却偏偏放他归去。钱弘俶深知宋室并未对他放下心，于是他将自己的孩子钱惟濬留下来"侍祠"。

钱弘俶回到杭州后仍然心有余悸，他将吴越的官员逐一降制，连议事的方向都由从前的坐北朝南改为东向。除此之外，他还主动减弱了吴越的军事防备，将大部分军械上交宋室，发布公文称："文轨大同，封疆无患，凡御敌之制悉除之。"[①]为了保全吴越，钱弘俶已然尽心竭力。

赵匡胤死后，其弟赵光义继位。钱弘俶收到新帝登基的消息后，已隐觉不妙了。赵光义从前就猜忌吴越，他一直想寻机"提点"钱弘俶，让他交出吴越国的管理权。

宋太平兴国三年（978），距离钱弘俶上次进京满三年，赵光义便下诏令钱弘俶进京。当初钱弘俶离开东京时为了让赵匡胤打消疑虑，特意主动提出"三岁一朝"的请求。虽然赵匡胤拒绝了他的提议，还体贴道："山高路远，有旨即可。"但这话却被赵光义记在心中，他正想借三年之期来敲打钱弘俶。

钱弘俶一月收到诏令时，已感到大事不妙，急忙烧香祭祀宗庙。他在春日复苏的二月出发了，沿途秀美景致都无法缓解钱弘俶的焦虑。这次进京，他依然不是空手而去，仍旧带了许多黄金、珠宝、美酒、绸缎等贡品。

赵光义对他们一行人也是照顾有加，还亲自设宴款待，二人日日把酒言欢。无巧不成书，钱弘俶这次遇到了闽南平海节度使陈洪进。陈洪进与钱弘俶情况相似，可陈洪进此次进京正是要将治下的泉、漳二州十四县全部献给宋室。

赵光义见了陈洪进的上表非常高兴，当即封他为武宁节度同平章事，后来又进封他为杞国公。钱弘俶在堂下听见赵光义与陈洪进的双簧戏，如坐针毡：这不正是在示意我速速纳土归宋？

几日后，钱弘俶也提交了奏本，却没说要将吴越土

①〔清〕吴任臣撰，徐敏霞等校：《十国春秋》。

吴越国时代是灵隐寺的中兴期

地交于宋室，只说如今军甲器械已经上缴，请求赵光义免除他天下兵马大元帅的职位。赵光义心中自然不乐意，只觉得这钱弘俶怎这般不识相，一气之下，没有同意他的请求。

吴越丞相崔仁冀看得分明，他劝钱弘俶说："宋皇的意思再清楚不过了，大王应当立即效仿陈洪进，否则灾祸将至。"其他臣子也是众说纷纭，最后还是崔仁冀一锤定音："今日我吴越君臣都在宋室手中，不给又能如何？况且此地距吴越有千里之远，恐怕插翅也难离开。"

如今，就等钱弘俶做出抉择了。他静坐在黑漆漆的房内，眼前浮现出杭城的大好春光，若是生了战乱，这春光又有何人欣赏？何必为一时意气使得百姓遭殃呢？何况祖父曾言：“如遇真主，宜速归顺。”

五月，钱弘俶终于做出了最后的选择：纳土归宋。他上表赵光义，将吴越国的州县悉数献给宋室。赵光义对这个结果十分满意，大笔一批，在钱弘俶的奏表上写下：“所请宜依，藉光卿德。”

吴越国的历史在此刻结束了，写下这份奏表的钱弘俶居然十分释然。他想自己终究是无愧先祖，也无愧百姓。从此刻开始，杭州这座富饶的城市就被纳入宋室疆域，甚至在百年之后它还成了宋室都城，开启了自己作为一国之都的荣耀时代。

第九章

宋高宗直把杭州当汴州

兵荒马乱中初访杭州

“三十六计，走为上策”，《孙子兵法》中这条真理大抵是宋高宗赵构在人生特殊时期信奉的准则。面临金人的入侵，宋室这位新皇果断选择采取最稳的战术：敌进我退，敌打我跑。他绝不给金兵一丝像俘虏他父兄一样俘虏他的机会。

靖康之变后，赵构作为皇室的漏网之鱼，在应天府（今河南商丘）仓促登基。

赵构心里清楚，他登基为帝后，看似手握大权，实际上就是个靶子。金人刚抓住了徽宗、钦宗二帝，现在又出现一个新皇。依照金人的性子，势必是来一个抓一个，来两个抓一双。可是当时形势紧急，作为皇室血脉，赵构只得硬着头皮上。

果不其然，得知宋室又出了个新皇帝，金兵马上开始新一轮南侵——进军应天府。金兵的战略目标很明确，即是要趁赵构初登帝位，脚跟不稳，一举消灭宋室。

1995 年南宋太庙遗址发掘现场

眼见金人又追过来，赵构没说二话，立即带着大部队上路了。他离开应天府，来到扬州。扬州虽无昔日东京之繁华，但也算是个安身之所，况且此时边境上有宗泽、韩世忠、刘光世等大将防守，赵构便安下心来，在扬州停下了脚步，同时准备派人与金人议和。经过好一番周旋，赵构与诸臣子总算得到了暂时的安宁。

没承想，这安生日子没过两天，金人说反悔就反悔。宋建炎三年(1129)正月，金兵大举南下，韩世忠兵败徐州，退守沭阳。金兵长驱直入，攻占了安徽泗州，并准备在泗州境内渡过淮河，攻打不远处的扬州城。

消息传到扬州后，扬州官民惶恐不安。以御史中丞张浚为首的官员们纷纷上书赵构，建议他即刻渡过长江，继续南迁。

可是赵构最信任的左右仆射黄潜善和汪伯彦，不舍就此放弃在扬州的大量产业，幻想金兵不会攻进扬州城。所以他们劝说赵构：“好不容易才逃到了扬州，还是不要轻易迁移才好，得到前方确切的战报再做决定也不迟。”他们还下令禁止传播和讨论前线战况，同时封锁扬州城门，官民没有许可不得外出。

如此，竟挨到了二月。此时，宋军将领刘光世畏金如虎，将领怯战，士兵又如何能一往无前？于是，有的宋军还没有到淮河北岸防地，就已身心散乱，四处溃逃。

完颜宗翰带领金兵刚到淮河，就见到不停撤退的宋军，这般战况让金兵们大笑不止：没想到竟能兵不血刃地渡过淮河天险。于是，他们一鼓作气，迅速攻占与扬州近在咫尺的天长县（今属安徽滁州）。

二月初三深夜，前方的紧急军情传到赵构行宫：金兵已从天长县向扬州城疾驰，如今距扬州只有数十里路。从睡梦中被叫醒的赵构听到这消息，立即惊慌失措地准备南下。

他骑上马连夜离开扬州城，经丹阳、常州、平江府（今江苏苏州），于十一日到达秀州崇德县（今属浙江嘉兴）。十二日，赵构就从崇德进入杭州属县余杭境内，途经西溪湿地，短暂停留几天才来到杭州城。

他从兵荒马乱的江北辗转而来，一路风尘仆仆，见到山明水丽的杭州，简直如见天宫。

杭州城实乃名副其实的江南水乡。此时正是早春二月，杭城各处草木皆已复苏，桃李也是含苞欲放，农人悠然劳作在田野间……这样一派太平祥和的景象，让赵构感到心旷神怡，他暂时忘记了十余天的颠沛流离。

于是，赵构决定以凤凰山麓的原杭州州治处所为行宫，以州治附近的显宁寺为尚书省，打算长期驻跸杭州。

知道赵构的打算后，大臣们各有心思。有的想着如何在这人生地不熟的杭州站稳脚跟；有的则心念大宋江山和被金兵侵占的中原，认为杭州偏安一方，根本不足以号召全国军民收复故土；更有甚者如随扈将领苗傅和刘正彦，还发动兵变，逼赵构退位。这下外患还没解决，居然又生内乱。

苗刘兵变平息后，赵构本想继续留在杭州，但朝臣们都认为江宁府（今江苏南京）才是龙气聚集之地，纷纷上书请求由杭州移跸江宁府。赵构没奈何，只得同意。

初八，赵构到达江宁府，随即为江宁府更名——建康府，可杭州毕竟才是赵构心之所向。于是七月十五日，赵构又在建康下诏，将杭州升为临安府。

偏安一隅

赵构本以为到了建康可以过段安稳日子，哪想金人在扬州无功而返，又以完颜宗弼为统帅，分兵多路南侵，目标就是擒拿赵构，彻底摧毁宋室。

“金兵又追来了！”这是赵构南下路上最讨厌却也最常听到的一句话。

一直以来，金兵打了不少胜仗，占了不少土地，但就是抓不住赵构，反而一直跟着赵构东奔西跑，疲累得很。随着赵构屡次改换阵地，双方战线也越拉越长。这场拉锯战一直延续到建炎四年（1130）正月。

此时，金兵已经跟随赵构的脚步，先后攻破平江府、临安府，渡过钱塘江，进至越州（今浙江绍兴）。无奈之下，赵构只好浮海南逃。金兵攻陷明州（今浙江宁波）后，预备下海追击赵构的座船。可是他们才经历了前期激烈战事，现在又碰到不擅长的水战，才行到中途，就被宋水军将领张公裕的水师打败，只得退回明州。

赵构等人登陆台州稍事休息后，又继续往南。宋建炎四年（1130）正月二十一日，赵构到达温州江心寺，然后驻跸温州。

孤军深入的金兵，在江南遭到宋军的有力抵抗，经多次尝试不得后，完颜宗弼宣布北撤。听闻金兵北撤，赵构便在三月十九日离开温州，从海道原路返回。于四月十二日回到越州。

公元1131年正月初一，赵构改元绍兴。十月，赵构将越州升为绍兴府。在绍兴待了一段时间后，他意识到绍兴地理位置偏僻，难以供应朝廷运转物资，不是久留之地。此时，他又想起了临安府。

从地理位置和地形地势上看，临安有钱塘江，是一道天然防御工事。西北部是崎岖不平的丘陵和山脉，东北部是纵横交错的江河湖泊，皆不利于金人骑兵驰骋。且临安东部是大海，境内又水网密布。假使金人打到了临安，赵构也可通过舟楫，遁走浙江腹地乃至海上。

即便从物资方面来看，临安也完全可以解决朝廷内外的开支。它地处杭嘉湖平原和宁绍平原两大鱼米之乡的交汇点，又傍靠天目山余脉。这里盛产粮食、水产、蚕桑，还有竹木、山货。此外，浙东运河将临安与明州港相连，海外通商也十分便利。

所以，在绍兴府驻跸近两年后，宋绍兴二年（1132）正月十四日，赵构终于得偿所愿，乘船前往临安府。宋绍兴八年（1138），宋朝廷正式宣布将临安府作为“行在”，成为实际的南宋都城。

正是这样，赵构终于结束了他惊险刺激的十年逃亡生活，拥有了临安这一块宁静的天地。这也是杭州走向荣耀的开始。

官家是个书画谜

结束了十年的逃亡生活，在临安定都后的赵构感慨万千。

他本以为自己这一生只能做个亲王，没想到阴差阳错当上了皇帝。虽然从登基以来，他就没享受过成为皇帝的快乐，一直被金人追着跑，时刻都为性命担忧。但如今金人一时半会儿也打不过来，赵构只想先在临安恢复元气，再图北伐。

临安自从有了皇帝坐镇，繁华直追扬州、苏州等经济重地。当时，临安的市场中基本囊括了天底下所有的货物，奇珍异宝、瓜果时蔬、海鲜野味、文玩草编……无所不包，无所不有。勾栏瓦舍林林总总，光北瓦就有十三座勾栏。

看着南迁的百姓渐渐安定下来，赵构也高兴。如今这半壁江山已经国泰民安，他偶尔也能抽出闲暇，重拾以前的个人爱好了。

赵构遗传了些许父亲宋徽宗的文采风流。当年宋徽宗的才华在文艺界是颇受认可的，而赵构的爱好也有向

〔宋〕李唐《秋林观泉图》

父亲靠拢的趋势。他书法上的造诣广为人知，而除了书法，赵构的另一个爱好是收藏画作。

定都临安后，赵构便着手扩大自己的绘画藏品规模。他不仅花重金购买前朝名家书画，更是仿照宋徽宗设立宣和画院，开始筹备新的皇家画院。他这一举动吸引了许多知名画家南渡，如杨士贤、苏汉臣、李迪和李安忠等。他还邀请了许多在野的画家加入画院，如知名的马和之、马兴祖、马公显、林椿等人。这些涌现的知名画家中，地位最高的要数李唐。

李唐与赵构的缘分可能还要从南渡前说起。从前在东京城中，李唐与年幼的赵构有过一面之缘。

李唐这人极有才华，当初在宣和画院应试时，面对“竹锁桥边卖酒家”这一题目，他不绘店铺，反而用竹林深处悠悠斜挑出的一竿酒帘表现出“卖酒家”。他的画在

同行中脱颖而出，被徽宗钦点为第一名。

靖康之难中，李唐不幸被俘。在押往北方的途中，他听闻赵构在应天府登基，于是冒死逃出军营，准备往应天府去，但后来因金兵作乱，辗转多地才来到临安。

官家爱画，许多百姓也开始收藏画作。这使得此时临安的文化气息十分浓厚，一时间民间画作市场发展繁荣。李唐很快适应了临安的生活，每日以卖画为生。

他毕竟是皇家画院出身，画的山石苍劲雄俊，满纸烟云；画的水则有盘旋动荡之势，使观众目眩神惊。这样高超的画技，吸引了很多人来购买他的画。

李唐画作的买家还包括太尉邵宏渊。这天，邵宏渊正在家中翻看最近收购的书画。突然，一张水墨苍劲的画吸引了他的注意力。他仔细辨认后惊呼：“这竟是李待诏的画，李待诏在临安！”

随即，邵宏渊将此事禀告赵构。赵构一听，欣喜万分，马上召见李唐入宫，授予他成忠郎、画院待诏等职位。

此时，李唐的徒弟萧照画技也大有所成。得到赵构青睐的李唐没有忘记提携他，师徒二人一同成了御用画师。

当时朝廷正在准备兴建皇宫、太庙、御前宫观和中央官署。赵构闲暇之余也会去看看建造的进度。那日，听说孤山凉堂落成，赵构便前去参观。这一瞧可让他不高兴了。

只见孤山凉堂四面两丈高的院墙上只铺了灰，没有刷漆也无任何装饰，看上去空荡荡的。

见此，赵构皱眉道:“这院墙干净得像纸，实在无趣。”听出了官家的不高兴，众人屏住呼吸，大气都不敢出。

还是跟随赵构多年的内侍有眼色，提议道：“不如让李待诏的徒弟萧照画些山水在上头？”

闻言，赵构紧皱的眉头松开了，点头道：“朕正有此意，就由你去安排吧！”

内侍领命，却邀功心切，传达诏令时直说明日就要完成。

一夜画四幅壁画，平常画师就算手脚并用也难完成。内侍走后，画院的人特意询问萧照是否需要帮手。可萧照却对他们说：“给我四斗酒，明日准能画好。”

当夜，萧照便来到孤山凉堂。更声一响，他便饮酒一斗。酒入豪肠，化成笔下浩瀚汪洋。萧照喝完一斗，便画完一面墙。次日凌晨，酒喝光了，四面墙也已完工。

天光大亮，被内侍请来的赵构浏览壁画后，再三赞赏，赏赐给萧照不少金帛。

一纸山水，满篇杭州。南宋之后的一百四十余年中，李唐派系的山水画几乎垄断了临安绘画市场，而他们画作中几乎都是“重湖叠巘清嘉”的杭州山水。李唐派系画作的走俏离不开画师们的技艺，也离不开赵构这位官家的“以身作则”，更离不开有天堂美名的杭州。

太上皇与宋嫂鱼羹

初到临安时，自幼在东京长大的赵构一时难以适应当地的饮食。幸而，此时临安城里有不少随宋室南迁的东京人，吃到地道旧都风味不是难事。

宋嫂鱼羹便是东京美食代表之一。做此鱼羹的宋五嫂一家随宋室南迁，来到临安，靠在西湖捕鱼为生。一天，宋五嫂的小叔身体不适，胃口欠佳，只想尝尝宋五嫂的拿手鱼羹。宋五嫂寻来一尾新鲜的鳜鱼，就用以前做鱼的方法，加上花椒、姜、酒、醋，烧了一碗鲜美的鱼羹。吃完可口的鱼羹，宋五嫂的小叔顿时精神奕奕，还打趣她不去酒楼帮厨实在可惜。

确实，宋五嫂做的鱼羹味道独特，家人亲戚都赞不绝口，加上小叔几番撺掇，她索性在钱塘门外开起了馆子，卖些鱼羹吃食。不出所料，宋嫂鱼羹一经问世，就引起百姓的热烈追捧。

〔宋〕厨娘砖刻

宋淳熙六年（1179）三月十五日，已是太上皇的赵构闲游西湖，不知不觉就来到钱塘门外。此时已是正午，赵构身边的侍从指着岸边宋嫂鱼羹的招牌说："听闻这家鱼羹味道一绝，还是东京风味，太上皇可要尝一尝？"

赵构正觉腹中饥饿，就命人下船去买一碗。

宋五嫂注意到这艘富丽堂皇的游船，见船上扈从如云，猜测必是皇亲国戚之类的人物，不敢怠慢，手脚利落地开始烹饪。

侍从等在一边，只见宋五嫂将鳜鱼刮鳞、去鳃，剖腹取脏后洗净。随后斩去头尾，用平刀从头至尾沿脊骨将鱼分成两片，鱼皮朝下放入盆中，再加葱段、姜片、盐腌渍片刻。然后上笼用旺火蒸熟，去掉葱姜，用竹筷拨碎鱼肉，除去皮、骨、刺。紧接着往锅中倒入少量油，将葱段煸香后捞出，加鸡汤烧沸，配上火腿丝、笋丝等烧制片刻。待汤再沸时加醋，浇上六成热的油才算大功告成。

随后，宋五嫂亲自将烹制好的鱼羹送到游船上。

赵构看到那鱼羹色泽黄亮，鲜嫩滑润，不由得胃口大开。等他用筷子去夹那雪白的鱼肉时，发现竟比豆腐还嫩。吃到嘴里，白嫩热鲜，香气盈口。赵构不禁对宋五嫂做的鱼羹大加赞赏。

有了太上皇的赞赏与宣传，宋嫂鱼羹也逐渐从民间走入皇室，不但定期供应皇宫，还成了临安特色菜、未来杭帮菜的名片之一。

第十章

忽必烈的南财北调生意经

忽必烈治下的货币金融和海上贸易

元至元十二年（1275），忽必烈面前放着一张行军图，纸上标注了伯颜攻打临安的路线。他兴致高昂地看了一遍，又将行军图拿在手上展开，心想：伯颜领兵攻打宋朝，如今已然渡过长江。接连几日都传来捷报，看来进军临安指日可待了。

临安是个好地方啊！

它处于水路纵横、江海汇集之地，往远可通其他藩国，往近又邻闽、广（粤）之地。人口众多，物产丰富，是商旅云集的经济重镇，同时还是骚人墨客心中人杰地灵的好去处……

一想到临安这个财富之城，即将纳入自己的统治版图，忽必烈兴奋得无法自抑，就连之后怎么治理临安，他都有了打算。

那日，他将中书平章政事阿合马召到了宫中。

阿合马从前只是一名奴隶，偶然被忽必烈发现其极擅理财，才逐渐得到重用。

阿合马的理财能力超绝，已经前后交出不少令忽必烈满意的答卷。元至元元年（1264），阿合马在各路设置平准库，发行了中统钞（一种纸币）。后来，中统钞成了唯一合法的货币。他还按忽必烈要求推出了食盐国家专卖的制度，禁止食盐走私，并规定盐、茶等税收都用纸钞，将过去豁免赋税的僧道、军匠等人重新列为征税对象。这些举措都大大增加了国家的财政收入。

因此，忽必烈十分信赖阿合马。他召来阿合马的同时，还叫了姚枢、徒单公履、张文谦、陈汉归、杨诚等人，一起商讨临安之事。

阿合马明白忽必烈此举的深意是想实现南北政治经济的双重统一，便提议将盐法、钞法等推行至江南。其余几人对阿合马的提议展开了讨论。第一个问题就在于：交会和中统钞能不能兑换？当时，交会（即交子和会子）是江南的通用货币。

忽必烈希望阿合马等人能想出一个万全之策，既要将中统钞推行到江南等地，也要保证不引起动乱。

这几人中，姚枢学的是程朱理学，更加重视民生，他希望交会能继续流通下去。因此，他首先说道：“江南地区的交会如果不能通行，一定会使百姓不便，以为朝廷只顾北境，不为他们江南着想。”

而徒单公履则更注重官府的公信力，他说：“伯颜已经张贴了告示，交会不可兑换白银，如果现在又急急忙忙恢复交会，就是言而无信。”

张文谦一听二人意见不同，急忙打圆场，说："是不是可行，应当向伯颜询问。"

……

忽必烈听了各人的意见，拍板道："姚枢和徒单公履不懂得掌握时机。朕以为宋室推行的交会应当尽快更换，这事应当按阿合马说的去办。"

一个问题解决了，还有一个。关于能否让百姓自由贩卖盐和药材，姚枢和徒单公履都认为为了让百姓生活便利，可以给予一定自由。

阿合马却不认同，他说："此事如果放手让百姓去做，恐怕会生出混乱。可以在南京、卫辉等路统一征购药材，而盐就从蔡州运二十万斤，由官府销盐，禁止各种人员私下交易。"

忽必烈很在意江南地区的稳定，毫不犹豫就听从了阿合马的意见。

此事过后没多久，就有海外人士来访大都，那人便是威尼斯人马可·波罗。忽必烈接见了马可·波罗，眼前这个异域他国的人令他想起一桩大事：对外贸易。不过这事还得等攻占临安后再做打算。

元至元十三年（1276），在忽必烈的殷殷期盼中，伯颜攻陷了临安。宋恭帝奉上传国玉玺和降表，至此南宋气数已尽。最让忽必烈满意的是，宋恭帝的投降并没有使临安的繁华遭到破坏。

统一全国后，当初商议的政策便落到实处。

〔元〕刘贯道《元世祖出猎图》中的忽必烈

忽必烈成功将盐法、钞法推行到了杭州。杭州曾是南宋都城，一旦它开始实行，其他江南地区也会迅速跟上。一切都按照设想在进行，也让忽必烈尝到了国富民强的滋味。他知道，杭州还有着巨大的发展潜能，所以他的海外贸易之梦准备从杭州入手。

此前，杭州的绸缎早已远销海外，辐射至东亚、东南亚、南亚、西亚、非洲等国。杭州的繁荣他看在眼里，便想让更多国家加入元朝的贸易圈，以杭州为范本，加快其他城市的发展，如此，元朝才能更加富裕，长盛不衰。于是，他晓谕海外国家："诚能来朝，朕将宠礼之；

其往来互市，各从所欲。”[①]

同年，忽必烈还宣布在杭州的外港澉浦设立市舶司，并令祖居澉浦的海商世家和福建安抚使杨发兼领，负责管理接纳来杭贸易的海舶。此后，庞大的贸易给元朝带来了大量的税收。

看着国库里满满当当的金银，忽必烈十分满意。

自从设立了市舶司，杭州的海外贸易活动更加频繁，还带动了周边好些城市的出口与进口。为了更好地管理以杭州为主的原南宋地区，元至元二十一年（1284），忽必烈又在杭州设立了市舶都转运司。

元至元二十三年（1286），忽必烈还组建了完整的海上贸易机构，设置“行泉府司”，下设有镇抚司、海船千户所、市舶提举司，“统海船万五千艘”。还建立了海上驿站，专门负责为宫廷运输“蕃夷贡物及商贩海货”；并组建“海船水军”，以此保护航道安全。这些政策极大地促进了海外贸易的发展，也让杭州获益良多。

在忽必烈的经营下，杭州的经济在南宋基础上更上一层楼，杭州也成为马可·波罗笔下“世界上最美丽华贵之天城”[②]。

开通京杭运输是为了南粮北调

元至元九年（1272），元世祖忽必烈把都城从上都开平府（在北京以北约三百公里的地方）迁到大都（今北京）。迁都之后的他没有闲着，在七年时间里南征北战，总算于元至元十六年（1279）彻底灭亡南宋。

①〔明〕宋濂:《元史》。
②沙海昂注、冯承钧译:《马可波罗行记》。

忽必烈是一位极成功的军事家，同时他在商业方面的表现也十分出色。

统一全国后，忽必烈开始大展拳脚。他充分利用自己的商业头脑，下达了各种政令来发展经济。所以，这一时期全国的生产技术、垦田面积、粮食产量、水利兴修等方面都取得了较大发展。不仅如此，此时商人们的社会地位也得到了显著提升。整个元朝疆域，经济前景一片光明。

达成这些成就前，忽必烈其实面临着一个不得不解决的难题。自从迁都以来，大都人口暴增，以青壮年男子居多。这些男子多从事体力劳动，对粮食的需求巨大。据粮官统计，当时一万人每天消耗的粮食大抵有一万两千余斤。随着越来越多的人迁入，大都的粮食储备日渐紧张。同时，北方多年来气候干燥，不宜谷物生长，粮食产量也迟迟不见上涨。这种情况令忽必烈很头疼，温饱尚且不足保证，谈何发展经济、建设国家？

他思前想后，一个绝妙的好主意浮现脑海：既然北方粮食不够，那就调南粮来填补空缺。江南素有鱼米之乡的美称，这点儿粮食不在话下。上有天堂，下有苏杭，以苏杭粮为南仓的想法一旦形成，也将影响其他方面。正是这样的想法造就了此后“百司庶府之繁，卫士编民之众，无不抑给于江南”[①]的景象。

粮仓有了，如何将那食之不尽的粮食运到大都又成了新问题。从南到北走陆路显然行不通，这一路崇山峻岭不断，还没走到一半，粮食就坏掉了。这时，有人想到了前朝的内河漕运。

结果，考察发现，前朝杭州到大都的河道因年久未

①〔明〕宋濂：《元史》。

疏通，早已泥沙积聚，淤堵不堪。如今，这几近废弃的河道最宽处只有三十米，最窄处仅十五米，多地河段也早已无法通航。如果走此内河运粮，还得调转方向去往开封，从那里转入黄河，再入御河（大同市附近最大的一条河流）才能到大都。不但路线过长，水路、陆路几经调换也耗资巨大，实在不是明智之举。

当下，大都内粮食问题如此严峻，这种效率低下、成本高昂的运输方式显然不可取。

“陛下，臣以为粮食可从崇明州（今上海崇明地区）通过海道运载到大都。” 还是丞相伯颜靠谱，提出了建设性的意见。既然内河漕运不行，那就走海上航线，船队直接从苏杭出发，一路沿海行船直到登陆，既方便快捷，又节省人力。

就这样，刚开始几年，靠着海上航线的“救济”，大都的粮食供应不足得到了解决。

元至元十八年（1281）春末，负责运粮的官员从南方回来后就赶着觐见了忽必烈，提出一个棘手的新麻烦。

“陛下，官船运粮，诸盗贼不敢造次。只是臣等以为这般运粮效率实在低下，应有改进之处。”那人正色道。

“此话怎讲？”忽必烈好奇。

“陛下有所不知，当下走海运，运量虽大，耗时也不多，其间却大有问题。船只每每从杭州路出发时，原本都载有百万石的粮食，到达大都后却只有八九十万石了。再则，海上事故频发，十之二三的船只都会受损。实在不是长久之计啊！”

听到这里，忽必烈明白了。不管是沿用前朝的内河漕运，还是当下的海上航运，总会出现新问题，根本无法一劳永逸。既然如此，又何必一定要二选一呢？不如两手一起抓，重新疏通内河，海上航线也继续使用。

此后三四年间，忽必烈令奥鲁赤负责主持开通济州河事宜。济州河，从济州（今山东济宁）西北通往须城安山（今山东东平西南），全长一百五十多里。

元至元二十六年（1289），郭守敬接力运河事宜，疏通了京杭大运河山东境内的会通河河段。这条从安山北抵临清（今山东临清）的河流，全长二百五十里。只要疏通了它，京杭大运河的漕运就可直达通州。

两段河道的疏通给运粮与商业带来不少益处，忽必烈听了底下官员的汇报后，更加重视内河这条水上交通要道。几经疏通，到元至元三十年（1293）秋，运粮的漕船已经可以从三千里外的杭州直达“海子”（现北京积水潭）码头。

那时的“海子”可谓烟波浩渺、水天一色，密密麻麻的漕船几乎遮蔽水面。从上都（今属内蒙古自治区锡林郭勒盟正蓝旗）归来的忽必烈，看到如此盛况，大喜过望，随即将这条人工河道命名为“通惠河”。

元朝这条新运河比绕道洛阳的隋唐运河缩短了九百多公里，是继长江之后的第二条黄金水道。这条水道连接了大都和以苏杭为主的江南地区，让富足的南方带动了北方的经济发展。作为这条水道上最重要的城市之一——杭州，它与全国各地的联系也日益密切。

第十一章

明宪宗为杭州忠臣才子正名

土木堡之变后国家大乱

明正统十四年（1449）七月，初秋。瓦剌首领也先入侵山西大同，攻打明朝。七月十一日，瓦剌便打下了大同外围的重镇猫儿庄（今山西阳高县北），当地左参将吴浩战死。

前方战事愈发危急，明英宗朱祁镇心急如焚。朱祁镇身边的宦官王振力劝他御驾亲征，经再三考量，朱祁镇决定御驾亲征，一举击退瓦剌大军。

大臣们得知此消息后极力劝阻，兵部尚书邝野、兵部侍郎于谦、吏部尚书王直等人不断上疏，但朱祁镇偏信王振，一意孤行，执意亲征。

八月十四日下午，明军扎营土木堡。兵部尚书邝野要求进入居庸关，但王振坚持要来土木堡。土木堡地势高，又无泉水，将士们干渴难耐，挖井二丈也无水源。第二天是中秋节，瓦剌部队包围土木堡，明军全面溃败。将士死伤十万，皇帝朱祁镇也被俘虏。

消息传来，朝野震荡。也先以朱祁镇的性命要挟，大军直逼北京城。当时的翰林侍讲徐有贞建议南迁，兵部侍郎于谦和内阁成员商辂则极力反对。于谦表示："要南迁的这些人都该杀。京师是天下根本，不可擅动。难不成你们要学宋室南渡吗？"

此时京城的精锐之师几乎全折在了土木堡，军粮也早被调往前线，形势危急。于谦立马主持将通州仓库的粮食运往京城，将河南、山东以及南京沿海的备倭军，江北及北京诸府的运粮军，全部调往京城。一时间，京城兵马、粮草俱备，人心渐安。

国不可一日无君。自朱祁镇被瓦剌俘虏后，皇太后孙氏就将他的庶长子朱见深立为皇太子。但朱见深年龄过小，无法在此国家危难之时主持大局。郕王朱祁钰在哥哥朱祁镇御驾亲征前就受命监国。因此于谦联合几个大臣联名上书，请求朱祁钰继位为帝。在文武大臣的再三请求下，朱祁钰"无奈"应允。

九月初六，朱祁钰登基，改元景泰，遥尊朱祁镇为太上皇。朱见深依然为皇太子。

先时，臣子们纷纷奏请朱祁钰，希望能迎回朱祁镇，但朱祁钰却不大甘愿，还是在于谦的劝说下，他才同意接回朱祁镇。

八月，商辂代表明朝前往居庸关接回被俘一年的朱祁镇。但回国的朱祁镇的待遇并没有提高多少，照样被软禁于南宫。明景泰三年（1452），朱祁钰废除朱见深的太子之位，将自己的儿子朱见济立为皇太子。可是，朱见济在成为皇太子的第二年就夭折了。

朱祁钰子嗣单薄，痛失爱子的打击让他的身体每况愈下。明景泰八年（1457）正月，朱祁钰病重之际，于谦、王直、商辂等人商议奏请将沂王朱见深重立为太子。不料，正月十六日晚，武将石亨、都督张軏、宦官曹吉祥等人发动南宫政变，扶持朱祁镇复辟。

谋国不谋己的一代名臣

朱祁镇复辟后，重赏了助他夺回帝位的有功之臣，如徐有贞、曹吉祥、石亨、张軏等人；而像于谦这种景泰帝身边的红人，自然躲不过一劫。

于谦此人，性格十分刚直，一切都以国家利益为主。

因此，当徐有贞之流诬告他和黄竑等人密谋，欲立襄王之子为皇太子时，于谦没有做无谓的辩解。当初，朱祁镇被也先作为筹码议和，是于谦坚持主战；后来，景泰帝废朱见深太子之位时，于谦也没有提出异议。这些都是朱祁镇心里的疙瘩，但当他听到要对于谦处以极刑时，他又于心不忍。他知道于谦是朝廷的肱股之臣，当时没有于谦，京城早就不复存在了。但徐有贞嫉恨于谦，他进言道："今天不杀于谦，皇上你的复辟之举就名不正言不顺。"

朱祁镇听到此话便打消了心中的不忍，不再过问此事。另一头，即将被处以极刑的于谦，听到这个消息却表现得十分平静，既未如徐有贞想的那般磕头求饶，也不曾显出一丝惧意。

于谦被处刑前，有卫军按例到于宅抄家。此事甚合徐有贞等人之意，他们希望在于谦府上搜出一些证据，来给那些伪造的罪证增加砝码。卫军到于府后，掘地三尺也没找到什么金银钱帛，除了一些生活必需品，就是各种各样的古籍。

又是一番搜查，才发现了一间密室。本以为这密室里应该大有文章，谁知道竟又让徐有贞等人大失所望。那密室里只有景泰帝送给于谦的剑和蟒袍，这些赏赐于谦从来没有用过，都是默默封存在密室中。旁人巴不得日日挂在身上显摆的东西，于谦却放在这样昏暗而隐秘的地方。抄家的卫军什么人没见过，可像于谦这种一点银钱都搜不出来的清水官却是少之又少。

可就是这样清廉无比的于谦，在国家危亡之际，挺身而出，以文人之身披甲上阵的一代贤臣，依然被朱祁镇处决了。

于谦死的那天，《明史》记载："阴霾四合，天下冤之。"就连曹吉祥一个叫朵儿的部下，也在行刑的地方洒酒祭奠于谦。此事被曹吉祥知道后，朵儿被其用鞭子重打。第二日，他依旧如故。还有一个叫陈逵的都督，感动于于谦的忠义，冒着被徐有贞等人报复的危险，将于谦的尸骸收了起来，葬于北京城西，并且派专人看守。

明天顺三年（1459），于谦的养子于康设法找到陈逵，想将于谦的灵柩运回杭州。后来，于谦的遗体被他安葬在西湖西南面的三台山，叶落归根。

宁负先皇也不负天下人

明天顺八年（1464）正月十六，朱祁镇驾崩，几经废立的太子朱见深即位。谁都没有想到，刚刚即位的明宪宗朱见深做的第一件大事，便是为于谦平反。

对于于谦，朱见深的感情是复杂的。

当年，也先以他父皇为筹码，是于谦不同意和谈，坚持主战，使他从小就生活在没有父亲的宫闱中，顶着皇太子的头衔饱受欺凌。后来，景泰帝决心废他太子之位时，也是于谦的默认促成此事。

可是，当年若没有于谦横刀立马，坚守德胜门，谁知道如今的明朝会在哪里。后来，景泰帝病重，也是于谦联合众臣要恢复自己的太子之位。

思来想去，朱见深选择为于谦平反。一来，于谦为明朝奉献了一生，平反是告慰他在天之灵。二来，天下百姓对于谦之死本就有颇多意见，平反也可收获民心。

于是，朱见深在一个很平常的朝会上，提出要为于谦平反。

此事在众大臣面前公布，好比一滴水进了油锅。当初，

于谦祠

朱祁镇要将于谦处决时，他们不敢言语。如今，朱见深不计前嫌，甚至顶着违逆先皇诏令的罪名，也要为于谦平反，他们钦佩不已。当然，也有些臣子认为朱见深此举不妥，是在公然表示先皇有错，实属不该。

但同意平反的臣子人数居多，他们一边说服反对者，一边开始对新皇各种附和。

“皇上宅心仁厚，不计前嫌，为于谦平反，是社稷之福。”一位大臣这样说道，其他人也是七嘴八舌地附和着。

无论如何，为于谦平反这件事情就算定下来了。

下一步，就是该怎么操作。有些大臣所言并非全无道理，于谦是先皇亲自定罪的，金口玉言。作为儿子，此次平反意味着告知天下，明英宗朱祁镇把于谦杀错了。怎样才能在为于谦平反的同时，又成功保全朱祁镇的颜面呢?

朱见深早想好了解决办法。

他的诏书写得很巧妙，诰曰：“卿以俊伟之略，经济之才，历事先朝，茂著劳绩。当国家之多难，保社稷以无虞，惟公道而自持，为权奸之所害。在先帝已知其枉，而朕心实怜其忠。故复卿子官，遣人谕祭。呜呼！哀其死而表其生，亦顺乎天理；厄于前而伸于后，允惬乎人心。用昭百世之令名，式慰九泉之冥漠。灵爽如在，尚克鉴之。”①

此诏书将于谦之死的罪责全部推到徐有贞那些奸臣的身上，并指出朱祁镇当时是被人蒙蔽，事后心里也十分后悔，只是没来得及为于谦平反，便驾鹤西去。而自

①[明]谈迁：《国榷》。

己则一直为于谦的遭遇十分痛心，所以特此下诏，为他平反，立碑哀悼。

诏书一出，举国欢庆。尤其是“当国家之多难，保社稷以无虞，惟公道而自持，为权奸之所害。在先帝已知其枉，而朕心实怜其忠”这几句话，在世人之间广为传颂。

至此，于谦的功绩终于被明朝的皇帝承认。没收的家产全部返还，他的儿子也可以重新做官。

消息传到杭州，当地百姓都禁不住流下了热泪。从此，杭州多了一个英雄，少了一个罪臣。西湖边的于谦墓，他们再也不用偷偷摸摸前去吊唁了，甚至还可以为他立碑修祠，这是杭州百姓八年来的心愿，如今终于实现了。

杭城的好儿郎于谦，一生为国为民，鞠躬尽瘁，死而后已；身处高位，依然不改初心，以天下为己任；手握大权，仍旧坚守名节操守，清正廉明。这些美好品行何尝不缘于杭州这方水土对他的滋养。

同时，于谦也为杭城精神注入了新鲜血液，他的嘉言懿行更是杭城人最宝贵的精神财富。

清代大诗人袁枚在诗中道：“赖有岳于双少保，人间才觉重西湖。”[①]于谦和岳飞这两位民族英雄，一个因为“意欲”之罪被处以极刑，一个因为“莫须有”之罪被杀害。同样的民族英雄，共同的历史悲剧。但正因他们两人彪炳史册的丰功伟绩，杭州西湖才更添浓厚历史文化气息的人文景点。

①〔清〕袁枚：《谒岳王墓》。

这盏灯已流传了五百多年

赋闲在家近十年的商辂，似乎已经忘了自己曾是“连中三元”的才子。他专心侍奉母亲，等到母亲仙逝后，又投入到修路大业中。这十年里，他捐资修建了两条山路，一条从文源到邑城，另一条从文源到淳安县城。他把对母亲的思念，转化为对家乡的热爱，似乎为家乡修路也是在为母亲尽孝。

就当他以为自己这一生都要这样平淡无奇地度过时，一纸诏书打破了生活的平静。

明成化三年（1467）二月，朱见深想起了这个“三元及第”的大才子，便下令召商辂进京。到了京城后，商辂根本来不及歇息，就被召进宫中。

十年过去了，再次走进皇宫大院，商辂恍如隔世。内侍通报后，他走进大殿中，看见年轻的皇帝正坐在书案前批阅公文。他透过朱见深的身影，好像又看到了当初朱祁镇罢免他官职时的模样。

见商辂跪下行礼，朱见深快步走来，将他扶起。

“爱卿，一路舟车劳顿，本应让你休息好再进宫。可朕已经等不急了，朕想恢复你的官职，让你重回朝堂。”

“皇上赏识，草民感激不尽，但我如今只是一个乡野村夫，已经不适合入朝为官了。”说罢，商辂又要行礼，再度被朱见深扶起。

朱见深回道：“朕知道，你心有不快。其实先帝当年已知晓是误会你了，他临终时还一直念叨，你是先帝钦定的天子门生，将你贬官，也是形势所迫，你就不要再怪先帝了。”

听到朱见深这样说，商辂十年来的委屈似乎一下子化为乌有，他赶紧道：“草民不敢责怪先皇，只是如今已赋闲十年，怕是也帮不了皇上一二。”

朱见深一听商辂的口气，明显是有松动的迹象，便趁热打铁：“你可是我明朝唯一连中三元的大才子，你要是不能辅佐朕，那普天之下还有谁能辅佐朕？你就不要推辞了。”

话说到这份上，商辂也不好再推辞，只好应允。

事实证明，朱见深看人极准，评价到位。商辂为人正直，才华出众，总是在朱见深一筹莫展的时候，给他出谋划策。正因如此，商辂颇受朱见深倚赖。后来，商辂从兵部尚书一路晋升到太子少保，仕途平坦顺遂。

如果不是朱见深重新启用商辂，商辂大概只会在淳安老家以教书为生。杭州会多一个学问极好的教书先生，却少了一个为国为民的当朝能臣。

商辂七十岁寿辰时，朱见深为感谢他这些年为朝廷所做的杰出贡献，特意给他送来了一个惊喜。没想到，这个惊喜却能流传五百多年。今天，它已经成为浙江省的非物质文化遗产。

明成化二十年（1484）三月，商辂的七十大寿要到了。当时，商辂已经辞官回乡了，却没想到远在京城的朱见深居然特地赐了百只礼灯为他庆贺生辰。里商（今属浙江淳安）是商辂的故乡，皇帝当时所赐的礼灯，将商辂

里商仁灯

所住的那条街照得如同白昼一般。流光溢彩，煞是动人，引得十里八乡的百姓专程前来观看。

商辂后裔为纪念商辂仁德，仿照朱见深赐给商辂的宫灯款式，制作花灯汇成龙身，再加上龙头。每逢春节、元宵这种大日子，便舞动这由花灯组成的彩龙，以表达对先贤的怀念，以及祈祷风调雨顺、国泰民安。这就是后来的“里商仁灯”。里商人还专门为它写了首歌：夕檐银月下，花灯似彩霞，萤飞流转入人家，夜幕绽明花。

久而久之，这项纪念商辂的文化活动从商辂后人扩展到整个里商。这一传，就是五百多年。如今，里商仁灯已经成为当地群众精神文化生活中不可缺少的一部分。每到正月十五这一天晚上，在曼妙月色中，里商人就会扛着花灯来到商氏宗祠广场上。一节节制作精美的花灯接在一起，就成了一条壮丽的灯龙。

朱见深无意中的一个赏赐，却为杭州添了一个有意思的非物质文化遗产。虽然朱见深这一生大抵都不曾去过杭州，可他无形之中却为杭州的精神文化做出了不小的贡献。在这一点上，杭城人真应该谢谢这位明宪宗朱见深。

第十二章

明世宗远程部署杭州抗倭

倭寇泛滥让他忍无可忍

明世宗朱厚熜即位后，宽严相济、克己奉公，又不断整顿朝纲，减轻民间赋役，开创了嘉靖中兴的好局面。然而，沿海一带百姓却时常遭到倭寇的骚扰。

朱厚熜起初并没有将沿海倭寇放在心上，但当他接到一份又一份禀报倭寇泛滥的奏章时，他终于忍无可忍了，预备和军民一同抗击倭寇。正是有了他这个皇帝的重视与参与，最终东南沿海的抗倭斗争取得了胜利。这一过程中涌现了不少优秀的抗倭将领，如胡宗宪、戚继光、俞大猷等人。他们成功捍卫了明朝的海疆安定，平息了倭寇侵扰和海盗的疯狂掠夺。

那日，朱厚熜正在处理政事，突然看见一名内侍急匆匆地走进来，似乎是见他正忙，一副欲言又止的模样。朱厚熜停下笔，问他："何事？奏来。"

内侍闻言连忙将手上的信件递过来，一一禀明："皇上，浙江水师副总兵发来急件，说有倭寇大举进犯浙江各地。如今浙江各地俱是民不聊生！"朱厚熜听到这个消息心中一沉：前几日，蒙古人才来犯北疆，如今小小的沿海倭寇也敢来犯我明朝疆土！

第二日早朝，朱厚熜将此事公布，征求群臣的意见。几个臣子纷纷上奏，希望增派援兵将倭寇一举歼灭，但朱厚熜另有忧心：增兵势必耗资巨大，还不知蒙古人何时还会再犯，是否要给北方战事留点儿银钱？

思来想去也没有个结果。但此后几日，朱厚熜每日都能听到杭州等地的百姓惨遭倭寇侵袭的消息，扰得他心神不宁。

因为明朝久久没有动静，沿海倭寇越发猖狂，索性登岸，肆无忌惮地劫掠百姓。朝臣们都在等待朱厚熜做出决定，他们相信纵使朱厚熜如今大不如前，宠信佞臣，但他并不是一个昏庸的皇帝。

当年他初登帝位便大力实行新政，严查贪官污吏……把整个明朝治理得井井有条。几番合计，几个老臣私下联合，预备明日早朝与百官一起劝谏皇上，叫皇上派兵重击倭寇，重振明朝国威。

第二天上朝时，出乎意料的是，没等群臣有所动作，朱厚熜就向众人宣布："昨日，朕又收到浙江水师总兵的急件，沿海情势实在危急。如今必定要军民勠力同心才可赢得此战胜利。传令下去，今先在武林门、钱塘门外开河挖池，阻挡倭寇的进一步侵扰。朕还将派精兵直捣倭寇海边大营，朝中有谁愿意领兵出征？"

……

百官听至此，心中皆十分开怀，为他们辅佐了一位明君而欣慰。

用五千斤大米智取

胡宗宪启奏朱厚熜，称如今在浙江作乱的不只倭人，还有许多乱臣贼子在浑水摸鱼，想在浙江一带自立为王。因此，他特在早朝时向朱厚熜请旨："皇上，如今汪直、徐海作乱海上，请让臣去将他们捉回！"

胡宗宪的话在朝堂上引起了轩然大波，主战派无不点头称赞，而主和派的大臣则开始陈列各等理由了。其一，如今国库空虚，大动干戈实在不是好主意。其二，捉拿逆贼，竟要远去倭国，实在不切实际。但是朱厚熜在这件事情上早已打定主意，他相信自己的判断，没有顾及主和派的意见，当即下令："胡宗宪，朕信你！就依卿之言，用你的计谋和胆识去打败他们，捉拿逆贼，务必要让倭寇片甲不留！"

胡宗宪本有大将之风，此战心中早有谋略。他兵分两路，一队为精兵强将，先行去杭州，而他自己则携数千人前往沿海的宁波，去阻挡第一波敌人。来到宁波后，他们一行人没有轻举妄动。

胡宗宪派侦察兵日夜监视，终有报："大人，倭寇现身，根据线人消息，有三万倭人正往杭州府去。"

老到的胡宗宪早有判断，他只叫部下时刻准备迎敌。

可谁知倭寇也是兵分之策，他们三路人马从沿海地区向杭州挺进。其中一路预备攻到杭州城下，另一路则想利用攻占嘉兴，迂回绕到杭州，而最后一路正好遇上胡宗宪。

双方人马对峙片刻，只听战鼓擂响，胡宗宪率领的明军就如瞬发之箭，冲到倭寇眼前。明军与倭寇兵刃相抵，拳脚并用，厮杀声响彻战场。约莫几个时辰，战场才归于平静，满地旗帜、刀枪与分不出阵营的尸体。可杀敌一千自损八百，最终胡宗宪只好带着余下千人赶去支援杭州。

出发之际，胡宗宪想到：如今兵力不足，若硬去解杭州之围，恐怕杭州未救，此千余人还会被两路倭寇围击。敌强我弱，贸然攻打不是办法。

在这般万分紧急的时候，胡宗宪的部下也十分不安，一人催促说：“大人，如今杭州情势急迫，我们是否要去支援，还请大人早下决断啊！”

胡宗宪一时拿不定主意，他坐下的马儿也在不安地扬蹄。等了一会儿，他终于想到了办法，当即大声喝道：“将士们！你们都是保家卫国的大功臣，如今倭寇凶狠，可能已攻进杭州府。我们绝不能坐视不理，可也不能白白丢了性命。我们不能强攻，要智取！”

胡宗宪稳住军心后，立刻带领他们准备回到嘉兴。临近嘉兴城门时，烈日灼人，胡宗宪便命令将士们下马休息，派人取水解暑降温。正是饮水解渴一事让胡宗宪想到了制敌的关键。倭寇进入浙江已经有一段时日，他们人数众多，粮草应当已经告急，如不能及时补给，必定撑不了几天！

他迫不及待地叫来副将，贴着他的耳朵，窃窃私语了几句。副将脸上笑意渐显，随后说：“大人睿智。”说完立刻打马往城郊方向去了。

胡宗宪回嘉兴后，除了关注倭寇每日的行军动态，其他诸事一概不理。下面的将士都开始担忧起来，害怕这位大人居功自傲，忘记倭寇未除的大事了！

这晚，几个将士计划明天向胡宗宪请命，希望胡宗宪准许他们出战杭州府。其实，此刻躺在营房内的胡宗宪也是辗转难眠，他们回到嘉兴已经四天了，交代给副将的事情也不知办得怎样了！胡宗宪越想越心烦，索性从榻上起身，打算出门走走。

这时，屋外却传来一声请示，是那名外出的副将。胡宗宪赶紧打开门让他进来，一双眼睛紧盯着他，直到副将跪地作揖，闷声说“大人，成了”，他紧绷的神经才放松下来。

副将被胡宗宪扶起身，接着说：“还是将军的方法好！猜到这伙倭寇已没了粮草，我们的船一出海，他们就中了计！”胡宗宪大大褒奖了副将，心想此事已成，暂且可解杭州城的燃眉之急了。

第二天一早，昨晚商量好请命的几人就来到胡宗宪大帐外。几人都很紧张，其中一人壮着胆子大声说：“大人，我……我们要请命去围剿杭州府的倭寇！”胡宗宪大笑，没有答应他们的请求，反而让他们传令集合整个军队。

面对千余人，胡宗宪喊道：“这几天，我既没有出兵，也没有过问杭州战事。你们以为我不管杭州府了吗？倭寇三万大军，我们歼灭了一万人，将士死伤惨重。当时如果奋力包抄，肯定寡不敌众，全军覆没都有可能。”

下面的士兵刚开始还听得愤愤然，慢慢也觉得胡宗宪说得颇为有理。胡宗宪接着说："今早有几个将士还来请命要去围剿杭州府的倭寇！你们却不知，就在这几日，副将已经大败杭州倭寇，得胜归来了！"下面的一千多将士左顾右盼，十分震惊，人群陷入了一阵骚动。

胡宗宪示意众人安静，又接着说："我命副将将五千斤大米泡在毒药之中，然后佯装成货商出海。因为我断定倭寇的粮草已经消耗殆尽！我嘱咐副将，务必要被倭寇擒住，一定要确保五千斤粮食全部被倭寇缴获！"

"副将一出海果然被潜伏在海面的倭寇盯上，他佯装没有发现，继续前行，没多远便被倭寇截住。为使倭寇消除疑心，副将还抵死不从，直等到倭寇气急败坏，才佯装害怕匆匆而逃，顺利让倭寇截获了这五千斤大米。但是他们万万没想到，这正中了我的圈套。"

粮草紧缺的倭寇在截获了这五千斤大米之后，毫不犹豫地将劫来的大米送到各路前线食用，却不料当晚就有数千人毒发身亡。剩余倭寇也十分惶恐，再无攻城之心，匆忙撤退。

胡宗宪正是靠这一点点计谋，就化解了三万倭寇进犯浙江的困局。

见胡宗宪胜利归来，朱厚熜很是欣慰，打算重金奖赏他。可是他却回禀皇上："如今还有很多倭寇留在浙江、两广等地，当下最重要的是趁热打铁，将倭寇彻底歼灭！"

对于胡宗宪这种"好战"分子，自然有主张和谈的朝臣反对。但胡宗宪毫不理会，坚决要求乘胜追击，围剿到底。其实，朱厚熜早站在了主战一方，他见胡宗宪如此执着，便知抗击倭寇一事有希望了，索性不理会那些主和的朝臣，将抗倭一事全交由胡宗宪处理。

胡宗宪不负众望，他自接到任命起，一面令戚继光、俞大猷痛击倭寇，一面派人到日本五岛招抚汪直。

在胡宗宪、戚继光的重兵出击下，沿海的倭寇少了许多。正是因为这些杰出的将领，才护住了杭州的山明水丽和淳朴百姓。

给有功的他赏一座金銮殿

“好，朕答应你！”

堂上百官都在想余汝南的要求当真是痴心妄想，白日做梦，皇上是绝对不会同意的。但众人万万没想到，朱厚熜竟然不假思索地答应了！

立马就有言官出列阻拦，说：“陛下，金銮殿彰显着皇家天威，怎可建在别处？”还有人说：“陛下，如今战事吃紧，实在不宜大兴土木！”

可是朱厚熜君无戏言，已经答应了余汝南要在他的家乡修一座金銮殿，就万万不会反悔。

余汝南是杭州淳安县人，会做点小生意，因为自幼身材高大，喜好打抱不平，村子里的人出门做生意都乐意与他同行。

有一次，余汝南和几个乡亲去安徽绩溪做生意，夜宿在客栈。没料到半夜时分，隔壁同乡的房间里却传来哭喊求救的声音。余汝南听到声音，立刻翻身而起，破门而入才发现竟是一伙强盗，正想杀人抢劫。

他没有半分犹豫，顺手拿起手边的扁担朝那三个强盗扔去，然后冲过去与他们扭打在一起。其中一人吹响了哨子，不一会儿竟又来几个同伙。这十余个强盗皆手持钢刀立在屋内，把余汝南几个同乡吓得口不能言，只躲在墙角瑟瑟发抖。

余汝南二话不说，只持一把扁担就冲上去和强盗们厮打起来。由于他身材高大，强盗几乎无法近身。几番搏斗下来，余汝南毫发无伤，而他们的战场也从屋内打到客栈大厅。

响声惊动了所有投宿的人，大家纷纷出门探看，还有人跑去报官。那几个强盗看人越聚越多，纷纷落荒而逃。经此一事，余汝南和几个同乡害怕强盗会卷土重来，报复他们，便连夜收拾行李上路了。

没在城里走多久，他们就看到前面有一处高宅阔院，牌匾上书“胡府”二字。一路上的舟车劳顿加上打斗让几人疲惫不堪，他们靠着胡府大门坐下来，没过多久都歪头睡着了。

第二天一早，胡府的管家打开大门，见到有人睡在门口，衣衫破烂，身有血迹，吓得他赶紧回去禀告自家老爷。

一阵询问过后，众人才知这几人遭遇了强盗。胡府管家让他们换了干净衣服，并安排他们在府中用饭。几人正吃得热闹，一个相貌不凡的男人走进了房间。

几人连忙起身，还是余汝南会察言观色，猜测面前这位必定就是胡府的主人，恭敬道：“多谢胡老爷相救。我们还未正式表示感谢！”这位胡老爷并没有和余汝南客套，而是探问起几人昨夜的经历。余汝南如实说了之后，那位老爷才问：“你叫什么名字？”

余汝南觉得这胡老爷甚是奇怪，常人听到盗贼只怕避之不及，这胡老爷恨不得把那几个盗贼长什么模样都问个清楚。见余汝南面色有疑，那胡老爷突然微微一笑，问道：“你可知道时任兵部尚书的胡宗宪？”

这话余汝南倒回得快：“骁勇善战的胡宗宪何人不知？”话一出口，他就想到此处正是胡府，惊道：“你就是那个把倭寇打得落花流水的胡宗宪吗？”

没错，这位胡老爷正是时任兵部尚书的胡宗宪。这一次他回乡省亲，刚好宿在绩溪。见这个余汝南居然能一人单挑数个手持钢刀的强盗，认定他是一个有勇有谋的人，便想将他收入麾下，为朝廷所用，为抵御倭寇出一份力量。

余汝南听了原委之后热血沸腾，当即就答应加入胡宗宪麾下。此后，他就跟着胡宗宪四处抵御外敌。尤其在面对倭寇时，更是表现出惊人的勇猛。

明嘉靖三十四年（1555），倭寇再次来犯，浙江沿海百姓为避倭乱纷纷外逃。这一次，明军毫无之前的英勇善战，几乎节节败退。

抗倭军队元气大伤，朝中几无强将敢挥师迎敌。年老的胡宗宪向朱厚熜推荐了余汝南，让他带领抗倭军队。在抗倭战场上，余汝南凭借自己过人的胆识和灵活的计谋，屡次击退来犯的倭寇，立下赫赫战功。

因此，朱厚熜宣召余汝南觐见，决定大加褒奖。他

淳安宋京村余氏祠堂

在紫禁城的金銮殿中册封余汝南为“八大王”，还允诺可以满足他一个要求。余汝南是第一次来到紫禁城，更是第一次见到这般宏伟的金銮殿。他想：如果自己的家人也能看到这样的宫殿是一件多么幸福的事情。

当朱厚熜再次询问余汝南，可有什么心愿时，余汝南犹豫一番，还是斗胆说出自己的请求：“皇上，我乃一介村夫，第一次见到紫禁城，只觉得处处都好！我只愿家中老人能同沐皇上恩泽！”朱厚熜听出深意，只让他有话直说。余汝南叩首三次，才说：“我想在家乡修一座金銮殿！”

这要求让群臣大惊失色，连朱厚熜都有些讶异。即使这样，朱厚熜最终还是答应了他的请求，允许他在自己的家乡修建一座金銮殿。

功成名就的余汝南真的在自己的家乡——浙江杭州

淳安县宋京村，修建了一座金銮殿。虽然这座宫殿比紫禁城那座金銮殿要小得多，但是上面有朱厚熜亲笔写的“萝蔓世家”四个大字，这是谁也争不来的殊荣。

朱厚熜在位时，面对倭寇的侵袭，他没有妥协，做出很多正确的决定。他坚定抗倭，知人善任，保护了明朝国土，也保护了以杭州为首深受倭寇侵扰的沿海城市。虽然倭寇始终是杭州百姓的心头大患，但朱厚熜任用抗倭英雄的那几年，百姓们总算可以无忧无虑地生活，将杭州建设成名副其实的“东南第一州”。

第十三章

康熙亲自为杭州代言

是灵隐也是云林

“江南”在清朝初期还是个敏感词汇。因为明军都集中在那里，而且当地的百姓也不愿改朝换代。这种情形让统治者很是为难，毕竟古语云：“君者舟也，庶人者水也，水则载舟，水则覆舟。”[①]民心是治国关键。所以康熙帝的六次南巡既是志在稳定民心，同时也是为了更新南方百姓对江山“新主”的看法。在这六次南巡中，有四次他都去了杭州。

杭州的美景令康熙流连忘返，他曾多次写诗赞美这个人间天堂，还重新命名了西湖十景，亲自为杭州代言。

清康熙二十七年（1688），康熙下旨南巡，命令高士奇为自己打点出巡的系列琐事。高士奇生于寒门，受康熙赏识才有机会参加科举，如今任职于国子监，他打定主意要好好把握这次来之不易的机会。

回想第一次南巡时，皇上因政务繁忙，只在杭州走马观花地游览一圈就离去了。高士奇想到这，暗下决心：既然皇上盛赞西湖十景，这次必得让他满意才是。但是，

①［宋］朱熹：《孟子集注》。

云林禅寺

除了西湖，还有哪些地方是不得错过的呢？有人提醒他，当今太皇太后笃信佛教，皇上又是被祖母带大的，定会受到太皇太后虔诚侍佛的影响。于是，高士奇决定把杭州的灵隐寺规划为重点游玩地，陪皇上好好领略一下“东南佛国”的魅力。

之后，他逐一安排路线，派人布置行宫，忙着忙着大半年就过去了。

这年深秋的一日，康熙在御花园散步，瞧着满园的枫叶，他记起了自己的南巡之旅，遂命人召高士奇到跟前，询问他南巡诸多事宜准备得如何了。高士奇恭敬地回道：“诸事皆已打点妥当。”

次年，正月一过，康熙就踏上了南巡的旅程。从京城出来，这一行人先经过山东，又从山东抵达江宁府（今南京），随后进入浙江境内。

他们到达杭州时，已是二月。虽然早晚的风还是湿冷，但午后还是有些暖意，有时身上还会生出一层薄汗。

到杭州的第三天，康熙一行人一早就去了西湖，巳时（上午 9 点至中午 11 点）左右已经游到西湖北岸。高士奇一想，再往西北去就是飞来峰和灵隐寺，不如就此去飞来峰游览一番？

“皇上，再往前就是鼎鼎有名的飞来峰了，登上峰顶即能俯瞰西湖全貌，过去一瞧如何？”高士奇一边说着，一手就往西北方指去。康熙顺着高士奇手指的方向望去，只见一座孤耸入云的山峰伫立在前，确实值得前往。刚迈出脚步，没走到几步，他却突然发问：“灵隐寺是否就在飞来峰附近？”高士奇小心翼翼回答：“回皇上，正是，可要顺道一观？”

康熙不知在想什么，没开口，只是点了点头表示同意。銮驾从北高峰上来，先到飞来峰。这一程山路崎岖，康熙与随行的人看到很多奇峰异石、繁茂古树，不由得兴致高涨。走着走着，康熙突然问高士奇：“你可知此山为何唤作飞来峰？”

高士奇回道：“皇上，据臣所知，这飞来峰传说是由天竺飞来，凭空落在此处的，故名飞来峰。”

康熙点点头，口中喃喃道：“前朝袁宏道所言‘湖上诸峰，当以飞来为第一’，倒是不假。瞧这些嶙峋怪石，崎岖山道，和一路所见秀气小山大有不同。”

走了半日，众人渐显疲色。高士奇听了康熙之命，预备带大部队到前方的翠微亭休息片刻。坐在翠微亭里，康熙还在回味沿途的幽幽山色，顾不上欣赏山脚的西湖和杭州城……坐了一阵，他叫来高士奇，笑道：“朕这里有首好诗，最适合今日之景，你且听上一听！”

随即康熙便吟咏出声：

岩岫崚增洞壑奇，悬藤古木半迷离。
冷泉亭子清溪上，谁识源头混混时。

不待全诗完毕，高士奇就知道这是康熙自己所作，连忙笑问：“敢问皇上，此诗何名啊？竟是将这山上的奇崛秀美全都说了个透。”康熙神色满意：“此诗乃是朕适才所作，其名就为《飞来峰》[①]。”

歇够了，一行人才继续往灵隐寺方向去。此时已近正午，康熙一早便出门，现下爬了山，已觉腹中饥饿。抬头望去，灵隐寺已在眼前，住持谛晖带着众多弟子候在庙门口跪迎康熙。

“吾皇万岁万岁万万岁。老衲乃灵隐寺住持谛晖，携弟子恭迎皇上！”谛晖说着便上前向康熙行礼，余下弟子一道行礼。

灵隐寺佛像众多，还有不少精美的宋代石刻隐藏在曲折回旋的长廊之外。谛晖本想为康熙好好介绍一番，却在高士奇的眼神示意下明白皇上急需用膳。一路走过天王殿、大雄殿，谛晖便提议道：“皇上，灵隐寺隐于山林，须得静下心来才能品到东南第一圣寺的妙处。如今时辰不早，已到了本寺僧人用斋饭的时间，老衲也早为皇上准备了一桌素斋，皇上不如先行用膳。”

①〔清〕乾隆：《御制诗初集》。

康熙听了谛晖的话，自是开怀。虽说是素斋，那斋饭却让康熙颇为讶异，他一进房门就闻到扑鼻的香味，再定睛一看赫然是一桌鱼肉交杂的宴席。康熙问道："这也是素斋？"谛晖笑笑说："是不是素斋，皇上您尝尝就知道。"

康熙看着桌上状似黄焖鸭子、清蒸鲈鱼的菜肴，虽有不解，但也决定先行品尝一下。一入口，他就吃出其中真味，原来这鸭子是煎炒过的豆筋，而鱼居然是豆腐……康熙惊道："这些居然都是素食所做！"众人闻言，大吃一惊，只有谛晖笑着点头，一脸自豪神色。

满桌唯一的僧侣禁物是酒，这酒是当地有名的甜酒，虽是甜酒，度数却不低。康熙这半日登了飞来峰，游了灵隐寺，面对这般可口的素斋，着实吃得开怀。

康熙吃过酒，山间小风一吹，颇有些飘飘然。谛晖抓住这个好时机，趁康熙高兴，想为灵隐寺请一幅墨宝。于是，谛晖诚恳地说："今日，灵隐寺能迎来皇上大驾，是难得的荣幸，老衲想请一幅皇上的墨宝供在寺内。"

此时康熙正在兴头上，自然满心欢喜地答应了，马上命人伺候笔墨。还未下笔，酒意上来，康熙拿着笔都是摇摇晃晃的。

他大笔一挥，写下一个大大的"雨"字头，却没料到这个"雨"写得太大，"靈"（灵）字的其他部分几无位置了。众僧侣看到这个情形也惊讶不已，不知道该说什么缓解尴尬，纷纷默不作声。

康熙急忙思考该如何补救，恰巧这时高士奇回到屋内，他看到这一幕，灵机一动，在手心上写下两个字，悄悄来到康熙身边，摊开手掌。康熙顿时豁然开朗，就着这个大大的“雨”字写下了“雲（云）林禅寺”。

西湖两景重命名

康熙南巡途中，曾多次在杭州停留。

一次在杭州游玩时，康熙乘船游览西湖。康熙看着满湖的荷花，感到心旷神怡。高士奇见此情形，遂告诉皇上这西湖荷花还有一个美丽的故事，这故事得从一个发簪说起。

“从前西湖并没有荷花，如今的荷花乃是一位仙子栽种在此处的。有一年夏天，天上的仙子在天宫里百无聊赖，索性到处游玩。来到杭州时，见到西湖畔青山与绿水相映成趣，简直是人间仙境，却总觉得这晶莹剔透的湖面少了些什么……”

康熙望着连绵不绝的荷叶，一边分神听着高士奇的故事，只听高士奇继续说道：“因此，那一位仙子随手将自己的发簪拔下，扔进西湖中，刹那间湖面就长满了盛开的荷花，分外妖娆，惹人注目。仙子离开的时候忘记收走发簪，这一湖的荷花从此便留了下来。此后，每年夏季西湖的荷花都比别处长势更好。”

其实高士奇只是见康熙兴致颇高，顺口说出往日听到的一则小故事，没想到康熙听后却感慨道：“原来这满湖荷花背后竟然还有这样的传说！”

杭州的荷花从来就有美名，宋朝诗人杨万里一句“接天莲叶无穷碧，映日荷花别样红”[①]更是让西湖的荷花闻名天下。在那时，杭州九里松的洪春桥有一个名为“曲

①〔宋〕杨万里：《晓出净慈寺送林子方》。

院”的酿酒机构，专酿宫廷酒。宋高宗赵构定都临安后，将“曲院”大肆修葺了一番，还在院内外种上很多荷花。每到夏天，满院酒香，加上清新淡雅的荷香，整个“曲院”别有一番风味，被当时的文人雅称为“曲院荷风”。后来，这“曲院荷风”还成为西湖十景之一。

此时西湖荷花之美更远胜当年。因杭州知府为讨皇帝欢心，早早地做足了准备。他特地将曲院的许多荷花移栽到西湖中，并集中种植在苏公堤一带。

所以，当皇帝一行人的游船正往苏公堤方向去时，康熙早就望见前方景致与别处不同，问道：“你瞧这处荷花更为繁密好看，还自成一体，这是什么地方？”高士奇知道杭州知府的动作，但是不方便对康熙实话实说，他思考一会儿，只答道：“等船过去，皇上一看便知。”

船驶入花丛中，四周景色更是迷人。荷花羞羞答答，荷叶却是异常繁茂，有的甚至有一米多高。

这时，高士奇才说：“皇上，此地还有一处‘曲院荷风’。”

可是康熙全心沉浸在苏堤的花海中，并未听清高士奇说的话。他提笔写下了“曲院风荷”四个字，还回头对高士奇道：“这处荷花当真出众！与曲院风荷的雅称实在相配！”天子君威不可冒犯，高士奇心知皇上听岔了，却不好提醒，只好点头称是。正是这样，康熙在西湖留下了这个美丽的错误。如今，西湖边依旧有康熙亲笔写下的“曲院风荷”四个大字。

除此事外，康熙还将西湖十景中的南屏晚钟改成了南屏晓钟。那是清康熙三十八年（1699），康熙的第三

曲院风荷碑

次南巡，銮驾又一次来到杭州。那时，西湖已经成为皇帝每到杭州的必游之地，而西湖周边的发展也因皇帝的频繁驾临而飞速前进。

康熙多年来频繁驾临杭州，但每一次见到的杭城景象都焕然一新，给了他莫大惊喜。这一次，銮驾是从武林门进入杭州的。武林门周围馆阁林立，商贩的吆喝声此起彼伏，码头边商人来来往往，好不热闹……杭州，已经成为一个繁荣的大都市。

銮驾穿过繁华的街市，来到西湖边，康熙看见青山环抱中的西湖遗世独立，沐浴在晚霞中，由着霞光渲染。

这时，远处突然传来一阵钟声，伴随着林中的阵阵鸟鸣，两者在湖山之间相互唱和，别有韵味。跟在皇帝銮驾后的地方官员恭声道："皇上，这是著名的南屏晚钟。每至傍晚，钟声响起，如丝柔般缠绕在西湖上，缥缈回荡！"

南屏晚钟

康熙听了这话，陷入沉思。他总觉得这个名字不大妥当。如今的杭州正处于一种蓬勃向上的时期，但是南屏晚钟却带有几丝落幕的伤感和萧瑟，倒不如改为“南屏晓钟”。因此，康熙道：“朕倒是觉得这个名字要改一改。”众人皆看向康熙，他接着说：“傍晚正是白日浊气积淀的时候，而且此刻这般夕阳西下的景象实在与杭州不符，不如改作‘南屏晓钟’。在万籁俱寂、初日破晓的时候，有钟声响彻云霄，叫醒整座城池，才是件好事！”众人听完，都觉得此言有理，遂纷纷拍手叫好。

康熙还为杭城多处景观起名更名，虽然某些名字并没有沿用至今，但是他南巡多次到达杭州，对杭城的经济、文化发展起到极大的推动作用。今天，康熙在西湖的两座行宫，仍然是杭州的一道亮丽的风景。

第十四章

乾隆是个杭州迷

皇帝也会变监工

乾隆是个杭州迷，杭城里大大小小的景点，他几乎都游了个遍。他每到一处都要赋诗题字，不仅为“西湖十景”题了诗，还专程去了龙井、西溪、超山等地游玩。

如果说康熙为杭州的发展做出不少贡献，那乾隆则是让杭州的各个地方都火遍全国。说起乾隆在杭州停留最久的地方，还要数孤山，他驻跸的“西湖行宫”就建在此处。

公元 1735 年，二十五岁的爱新觉罗·弘历登基为帝，次年改元乾隆。此时，百姓安居乐业，边关部落也秋毫无犯，一副太平盛世的景象。

虽然看似一切安好，但是乾隆并没有安于现状。他知道自己这太平昌隆的大清还有很多危机，而民生问题就是其中极为严重的一个。初登大宝的乾隆，每日都能收到各省巡抚上呈的奏折，不是写当地人口昌盛，就是写钱粮富足，但是乾隆心里并不放心。人口昌盛说明劳动力充足，但要养活这么多人，实在不是一件易事。

旧时"顺天应时"的农业思想应当转变了！细数历朝历代，最影响农事收成的是"水"，水多成涝，水少为旱。乾隆的爷爷康熙有治水的德政，于是他决定效仿康熙的做法，把治水归为民道之基，提出了"自古致治以养民为本，而养民之道，必使兴利除患，水旱无虞，方能使盖藏充裕，缓急可资"[①]的治水思路。

乾隆之所以将如此多的精力放在治水上，是因为水患已经迫在眉睫。如果再无解决措施，粮食将大量减产，届时灾民涌动，后果将不堪设想。

乾隆元年（1736），水旱灾害频繁发生，陕西、甘肃、云南、贵州等地时有旱灾；浙江、福建、江苏常受海潮威胁；而中原河北、山东、河南、安徽和苏北地区则水旱交替。在如此紧张的情况下，需要乾隆立刻下旨治理水患、修建堤坝。

可此时乾隆才登基不久，又逢国库空虚，实非大兴土木的好时机。臣子们不断上奏，他们借大禹治水的典故，提出"上古田庐稀，不与水争地"之类的观点，希望乾隆另想他法，切勿因修建堤坝而劳民伤财。之后，乾隆思虑再三，也认为如今多地水患已然成灾，现下再筑堤坝为时已晚，应当以救济灾民、开仓放粮为头等大事。等到时机成熟后，他才下令让各地开始动工，而杭州的海塘修筑工程也在其列。

清乾隆二十二年（1757）春天，乾隆又一次踏上了杭州的土地。他到达杭州后的第一件事，就是去钱塘江边视察海塘的修建情况。那时，当地常流传一句俗语——"北涨则为之欢，南坍则为之愁"。其中南坍指的就是钱塘江南岸河岸泥沙异常松软，一旦涨潮就会冲毁农田、毁坏房屋。因此，乾隆对钱塘江南岸的修建工作十分关心。

①《清实录·乾隆朝实录》。

〔清〕徐扬《乾隆南巡图》中的西湖

视察结束的那晚，乾隆又将大臣阿里衮叫到自己的房间，仔细询问海塘修筑的进度与细节。阿里衮将修筑海塘的情况逐一禀报给了乾隆，却没令他宽心，反而更加忧愁。

第二天一大早，乾隆就又赶到钱塘江畔的工地上亲自视察。他看着民夫们挽起裤脚，站在江岸边干劲十足地打桩，听得那一声声号子喊得惊天动地……约莫一刻钟后，民夫们纷纷直起腰来，聚在一处。不一会儿，就有声声嘟囔隐隐传了过来。乾隆听得那嚷嚷声越来越大，准备过去看个究竟。

民夫们一见到皇帝，纷纷手忙脚乱地请安，心中害怕皇帝认为他们在偷懒。这时，一个民夫站出来诚惶诚恐道："皇上，我们可不敢偷懒。你瞧，这个桩子如何也打不进去，才固定好，就被江水冲散了！弟兄们都在想办法。"乾隆心想：竟有这等事！随即上前一看，果真如那民夫所说。原本深深打入泥沙中的木桩子，一点儿也经不起水浪，有些地方的木桩甚至已被汹涌的江潮连根拔起。

"下桩都没法下，还怎么修筑？"乾隆一时也不知该如何是好了。就在众人都一筹莫展的时候，人群之中走出一个白发老翁。老翁来到岸边，说自己有办法打好木桩，请求向前一试。众人听完此话，皆很惊讶，紧跟着就响起各种怀疑之声。老翁一概不理，只上前扶住木桩使劲摇晃，一边摇晃一边连连摇头，口中直道："这样不行！这样不行！"

只听他叫人拿来数根大竹，随即选出五根插进沙窝中，然后将这五根大竹绑在一起，再用夯土填满沙窝。老翁这一整套动作行云流水，但是众人瞧这竹子还不及木桩的一半粗，都怀疑这样的地基能结实吗？人群中有几个壮汉走上前来，要试试这五根竹子到底结不结实。那几人上前直接抱住竹子使劲向上用力，却毫无动静。他们都以为不费吹灰之力就能将竹子拔起来，结果几番努力，仍然连竹子的底桩都不曾拔动。

这时，江面上几个大浪远远扑来，所有人都亲眼见证它们涌向五根竹子所在，然而那竹子做的底桩依旧分毫未动。见到这样的景象，人群一下子沸腾了，就连乾隆也惊住了，众人一时都忘记了白头老翁。等人群反应过来时，老翁已经消失在人群中，不知去向。一个民夫对乾隆说：“皇上，这是天佑大清！咱们一定是有神仙相助啊！”众人纷纷跪拜苍天，乾隆也以为是上天的眷顾。

后来，乾隆从钱塘江畔回到行宫，激动的心情久久不能平复。回想从前年年在杭州筑堤，却仍是年年起涝，杭州水患已经成了他最伤脑筋的事情之一。没想到今年筑堤时竟能得贵人相助，如今解决了打桩的问题，海塘的修建速度也会大大提升。他越想越兴奋，立马赋诗一首:

却闻夯桩时，老翁言信应。
竹扦试沙窝，成效免变惊。
因下梅花桩，坚紧无攲倾。
鱼鳞屹如峙，潮汐通江瀛。

治水防洪是乾隆一生显著的政绩之一，杭州海塘的成功修筑也有他的一份功劳。

佛寺是一个放空身心的地方

宋开宝年间（968—976），钱弘俶听从延寿、赞宁两禅师建议，在杭州建九层高塔以镇江潮。当时那高塔取名为六和塔，有两个含义，一是取佛教中“六合敬”之意，二是象征“天地四方”。历经了多年风霜，六和塔依然伫立在钱塘江北岸。

乾隆末年，乾隆的身体每况愈下。此时的第五次南巡于乾隆而言，就像一次旅行，能够让他暂时忘记那些不开心的事情。这天，六十九岁的乾隆站在山脚下，面朝钱塘江，他看着落日渐渐沉入远处的孤山后，原本烦躁的心绪恢复了平静。

乾隆一生礼佛，他在自己的养心殿中都设有东西两个佛堂。杭州素有“东南佛国”之称，他当然不会错过游览杭州佛教圣地的机会。

眼看着天色不早了，乾隆身后的近侍便说：“皇上，落日了，江边湿气很重，早些回程吧！”

乾隆不舍地望了望钱塘江，转身离开了。在返程的轿辇上，他暗暗感慨：“想当年，朕第一次来六和塔，山路崎岖，竟丝毫不觉疲惫！可如今……”

可是如今他已经老了，即使再想登山一观六和塔，也是心有余而力不足。虽然乾隆的脚步未能到达，但他的精神已经与六和塔产生共鸣，回去不久就写下了《瞻礼六和塔作》：

宝塔岧峣耸七层，恐妨泥污不须登。
镇江历劫安澜庆，凌汉单提向上乘。
立久波光如欲彻，望来烟意亦将澄。
漫言造极今孤约，兴已轩飞绝顶凭。

想当年，四十岁的乾隆刚刚平定大小金川后就来到了江南，暂时远离了军政纷扰。正是在这第一次江南之行中，他来到杭州一览西湖之秀美，整个人都沉醉在水乡的温柔风光里。那时，六和塔就像一座桃花源，让乾隆享受到了不一样的宁静。他还在塔前的牌坊上题下了“净宇江天”四个字。

钱塘江波涛滚滚，孤山在北侧沉默地守护杭州……情至如此，乾隆觉得牌坊上的四个字实在不能道尽他心中的欢喜。于是，他再登六和塔，这一次便在六和塔的每一层都题了字。第一层前供地藏菩萨塑像，后供明万

六和塔

历刻北极真武大帝像，他便题下“初地坚固”四字。按照佛家传统，第二层供东海龙王像，乾隆就题了“二谛俱融”。在供奉弥陀、观音、势至像的第三层，他写下“三明净域”，而供鲁智深像的第四层，题的是“四天宝纲”。同样供了观世音像，还有毗卢像的第五层，乾隆题了“五云扶盖”。第六层的题字为“六鳌负戴”，第七层则是“七宝庄严”。

四个月之后，他的第五次南巡也结束了。乾隆南巡杭州的故事，连同他在六和塔的题字，一起被刻印在杭州的历史中。

参考文献

1.〔春秋〕左丘明：《国语》，中华书局，2013年。

2.〔汉〕赵晔：《吴越春秋》，崔冶译注，中华书局，2019年。

3.〔汉〕司马迁：《史记》，中华书局，2009年。

4.〔汉〕班固：《汉书》，中华书局，2007年。

5.〔东汉〕袁康、吴平辑录：《越绝书》，乐祖谋点校，上海古籍出版社，1985年。

6.〔晋〕皇甫谧：《帝王世纪》，齐鲁书社，2010年。

7.〔西晋〕陈寿：《三国志》，中华书局，2011年。

8.〔宋〕潜说友纂：《咸淳临安志》，浙江古籍出版社，2012年。

9.〔宋〕朱熹：《孟子集注》，上海古籍出版社，1987年。

10.〔明〕宋濂：《元史》，中华书局，1976年。

11.〔明〕田汝成：《西湖游览志余》，中华书局，1958年。

12.〔清〕董诰编：《全唐文》，中华书局，2013年。

13.〔清〕彭定求编：《全唐诗》，中华书局，2003年。

14.〔清〕吴任臣：《十国春秋》，徐敏霞等校，中华书局，2010年。

15.刘见华：《吴越战争越军进军路线考》，浙江大学，2011年硕士论文。

16.周亮编：《武林古版画》，江苏美术出版社，2013年。

17.冯承钧译：《马可波罗行记》，沙海昂注，上海古籍出版社，2013年。

18.浙江省人物志编纂委员会编：《浙江省人物志》，浙江人民出版社，2005年。

丛书编辑部

艾晓静　包可汗　安蓉泉　李方存　杨　流
杨海燕　肖华燕　吴云倩　何晓原　张美虎
陈　波　陈炯磊　尚佐文　周小忠　胡征宇
姜青青　钱登科　郭泰鸿　陶文杰　潘韶京
（按姓氏笔画排序）

特别鸣谢

楼含松　卢敦基　江弱水（系列专家组）
魏皓奔　赵一新　孙玉卿（综合专家组）
夏　烈　郑　绩（文艺评论家审读组）

供图单位和图片作者

浙江省博物馆　杭州运河集团
孙小明　张　望　张　煜　韩　盛
傅朝同列（按姓氏笔画排序）